W0389044

Vegan ist eine -ensangelegenheit!

Sie möchten etwas für Ihre Gesundheit tun, Ihren Taillenumfang reduzieren oder Ihnen tun einfach die Tiere leid. Egal welche Beweggründe Sie haben: Auf tierische Produkte zu verzichten und sich den pflanzlichen Alternativen zuzuwenden, ist immer eine sehr individuelle und persönliche Entscheidung.

Vielleicht haben Sie sich für die vegane Ernährung bereits entschieden und suchen neue Inspirationen oder Sie sind einfach an dieser Ernährungsform interessiert und möchten sich ausprobieren:
Herzlichen Glückwunsch, denn Sie haben sich auf den Weg gemacht! Auf Ihren ganz persönlichen Weg. Mit diesem Buch möchten wir Sie auf Ihrer Reise begleiten. Wir zeigen Ihnen, wie Sie einfach und schnell leckere Mahlzeiten für sich persönlich und Ihre ganze Familie zaubern können!

Alexandra Vocht, als Therapeutin geerdet und mit einer natürlichen Kochkunst beschenkt, bringt die pflanzlichen Lebensmittel unserer Erde mit ihren Zauberhänden in den Kochtopf und auf den Teller.
Mit Tatendrang und tollen Ideen ist sie der vegane „Kochkopf".

Alexandra Weber, der spirituell-kreative Part, setzt das Gekochte gekonnt in Szene und sorgt dafür, dass die Zutatensymphonie klingt und das vegane Menü für Sie lesbar und nachvollziehbar ist.

Wir zeigen Ihnen auf ganz einfache Weise, dass Sie auf nichts verzichten müssen. Ganz im Gegenteil, es eröffnet sich Ihnen eine neue Welt von Nahrungsmitteln und Zubereitungsmöglichkeiten. Das Essen ist super lecker und Sie werden Spaß beim Kochen haben. Mit unseren ***8 x 8 besten veganen Rezepten*** haben wir die Lieblingsgerichte vieler Menschen zusammengestellt. Und wenn es noch nicht Ihre Lieblingsgerichte sind, könnte es sein, dass es Ihre Lieblingsgerichte werden.

Die Probier- und Experimentierzeit ist mit diesem Kochbuch sicherlich nicht vorbei. Wir möchten Sie inspirieren! Werden Sie selber zum Probier- und Experimentierkoch! Öffnen Sie sich für die unzähligen pflanzlichen Gerichte jeder Landesküche aus der gesamten Welt.

Die vegane Ernährungsform findet immer mehr Fans, denn die ist möglich ohne zu verzichten. Sie werden sich fitter fühlen, wacher sein und mehr Energie im Alltag haben.

Alle Vorurteile, die Kinder könnten unterversorgt sein, Pubertierende bekommen eine Ess-Störung oder der handwerklich arbeitende Mann könne vom Fleisch fallen, werden sich auch bei Ihnen nicht bestätigen.

Wir wünschen Ihnen viel Spaß beim Ausprobieren und natürlich guten Appetit.

Alex & Alex

Über uns

Ich bin die eine ...

Alex, 39 Jahre jung und wohne mit meinen drei wundervollen Kindern und meinem lieben Mann in einem kleinen Ort in Niedersachsen.

Hauptberuflich bin ich Physiotherapeutin und leite mit meinem Mann eine Praxis.

Da Kochen und das Ausprobieren von Rezepten schon immer eine Leidenschaft von mir war, bin ich als Tierfreundin auch irgendwann zur veganen Ernährung gekommen. Die veganen Leckereien, die bei meiner Familie und auch in meinem Freundeskreis bislang schon viel Begeisterung ausgelöst haben, habe ich nun zu Papier gebracht.

Ich wünsche Ihnen viel Spaß beim Ausprobieren und hoffe, auch Sie vegan zu infizieren.

Ihre

Alexandra Vocht

und ich bin die andere …

Ich bin etwas über 39 Jahre alt, glücklich verheiratet und habe drei tolle Kinder. Wir leben in der Lüneburger Heide.

Ich liebe neben meiner Familie und meinen Freunden, Immobilien, die mentalen Ebenen des Menschen, Networkmarketing und mittlerweile veganes Essen…

Als Kind habe ich immer eine deftige bis süße Nahrung erhalten. Bis auf wenige Ausnahmen, war ich ein Alles-Esser, gern auch Junk-Food. Immer wieder begegnete mir im Laufe der Jahre die Empfehlung, ich solle meine Ernährung umstellen. Aber ich war nicht wirklich offen dafür.

Einzig und allein das Heilfasten konnte mich begeistern und das habe ich über Jahre hinweg regelmäßig mit meiner Freundin durchgezogen und tue es auch heute noch.

Eines Tages kam meine Freundin dann mit der Idee an, sich zukünftig „vegan“ zu ernähren. Nach anfänglichem Boykott hatte ich mich darüber informiert, es aus Neugier ausprobiert und bin seitdem dabei geblieben.

Ich hätte nie gedacht, dass eine vegane Ernährung so einfach und leicht im Alltag umzusetzen ist. Diese Erkenntnis war ein Grund dafür, warum meine Freundin und ich dieses Buch geschrieben haben.

Ich wünsche Ihnen viel Spaß beim Kochen und Genießen!

Inhaltsverzeichnis

Erdbeer-
marmelade

Frühstück

Süß

Herzhaft

Pancakes mit Ahornsirup

Zeit: 10 Minuten
Schwierigkeit: ♥
Menge: ca. 10 Stück

Zutaten:

- 150 g Weizenvollkornmehl
- 350 ml Sojamilch
- 1 Päckchen Backpulver
- Pflanzliches Öl für die Pfanne
- Ahornsirup

Zubereitung:

- 150 g Weizenvollkornmehl, 350 ml Sojamilch und 1 Päckchen Backpulver mit dem Schneebesen oder dem Mixer zu einem glatten Teig vermengen und 10 Minuten stehen lassen.
- Zellstoffpapier mit Öl beträufeln. Eine beschichtete Pfanne damit ausstreichen und erhitzen.
- Je 1-2 EL Teig in die Pfanne geben und bei mittlerer Hitze 3 Minuten braten, vorsichtig wenden und dann weitere 3 Minuten braten.
- Pancakes mit Ahornsirup servieren.

Fertig!

♥-Variante:

Anstatt Ahornsirup kann man auch die Pancakes mit Erdbeermarmelade, Schokoaufstrich, Reissirup, Apfelmus oder Zimt-Zucker anrichten.

Lassen Sie Ihrer Fantasie freien Lauf!

Erdbeer-
marmelade

Erdbeermarmelade

Zeit: 10 Minuten
Schwierigkeit: ♥
Menge: 2 Gläser

Zubereitung:

- 500 g Erdbeeren, 1 TL Vanillepulver und 100 g Bio-Rübenzucker zum Kochen bringen.
- Die Masse leicht zerstampfen oder pürieren, je nach Belieben.
- 50 ml Wasser und 3 EL Kuzu verrühren und unter die Erdbeermasse geben. Das Ganze 2-5 Minuten aufkochen lassen.
- Jetzt die Marmelade in Gläser füllen und nach dem Erkalten bitte in den Kühlschrank stellen.

Fertig!

Zutaten:

- 500 g Erdbeeren (frisch oder gefroren)
- 1 TL Vanillepulver
- 100 g Bio-Rübenzucker
- 50 ml Wasser
- 3 EL Kuzu

♥-*Variante:*

Alle Beerenmarmeladen können nach diesem Prinzip hergestellt werden und halten einige Zeit gut im Kühlschrank. Probieren Sie doch mal Himbeere, Stachelbeere, Sauerkirsche oder Heidelbeere.

Lassen Sie Ihrer Fantasie freien Lauf!

Schoko-/Erdbeertäschchen

Zeit: 10 Minuten
Schwierigkeit: ♥
Menge: 6 Stück

Zubereitung:

- Backofen auf 160°C Umluft vorheizen.
- Blätterteig ca. 30 Minuten auftauen lassen.
- 3 Blätterteigrechtecken mit je 1 TL Schokoaufstrich versehen und
- 3 Blätterteigrechtecken mit je 1 TL Erdbeermarmelade versehen.
- Von der kurzen Seite her die Rechtecke aufrollen und die Kanten gut verkneten.
- Auf ein mit Backpapier belegtes Backblech legen und ca. 15 Minuten backen.

Fertig!

Zutaten:

- 1 Packung TK-Blätterteig (z. B. von Rewe oder aus dem Bioladen)
- 3 TL Schokoaufstrich (z. B. von Chocoreal)
- 3 TL Erdbeermarmelade

Backblech:

- Backpapier für das Backblech

Cremiger

Cremiger Linsenaufstrich

Zeit: 20 Minuten
Schwierigkeit: ♥
Menge: 2-4 Portionen

Zubereitung:

- 1 Zwiebel schälen und in feine Würfel schneiden.
- Die Zwiebelwürfel in 3 EL Sonnenblumenöl goldgelb anbraten.
- 1 Tasse rote Linsen, 2 Lorbeerblätter und 2 Tassen Wasser dazugeben.
- Einen Deckel auflegen und das Ganze 10 Minuten köcheln lassen.
- Mit 1 TL Salz und 1 EL geröstetem Sesamöl würzen und vor dem Servieren die 2 Lorbeerblätter entfernen!

Fertig!

Zutaten:

- 1 Zwiebel
- 3 EL Sonnenblumenöl
- 1 kleine Tasse rote Linsen
- 2 Lorbeerblätter
- 2 kleine Tassen Wasser
- 1 TL Salz
- 1 EL geröstetes Sesamöl

Tasseneinheit = 150 ml/150 g

-Tipp

Auf Brot ganz lecker, aber auch als Hauptgericht auf heißen Spaghetti, zu Reis oder zu Fladenbrot mit Salat.

Tofu-Aufschnitt

Zeit: 15 Minuten
Schwierigkeit: ♥
Menge: 4 Portionen

Zubereitung:

- 300 g Tofu in dünne Scheiben schneiden (ergibt ca. 20 Stück).
- Je 3 EL Sonnenblumenöl in zwei Pfannen erhitzen.
- Tofuscheiben in die Pfannen legen und bei mittlerer Hitze ca. 3 Minuten anbraten.
- Dann wenden und mit 2 TL Gewürzmischung bestreuen und wieder 3 Minuten anbraten.
- Mit 6 EL Sojasauce ablöschen und die Pfannen vom Herd nehmen.
- Scheiben abkühlen lassen und dann als Aufschnitt auf dem Brot genießen.

Fertig!

Zutaten:

- 300 g Tofu (möglichst festen Tofu z. B. von Nagel)
- 6 EL Sonnenblumenöl
- 2 TL Grill- oder Gyrosgewürz (beides im Bioladen erhältlich)
- 6 EL Sojasauce

♥-Variante

Tofuscheiben in Sojasauce (mit oder ohne Gewürzen) kurz eintauchen und dann anbraten. Kinder essen sie direkt vom Teller ohne Zusatz – so lecker!

Lassen Sie Ihrer Fantasie freien Lauf!

Tofu-Rührei

Zeit: 20 Minuten
Schwierigkeit: ♥
Menge: 4 Portionen

Zubereitung:

- 400 g Tofu zerbröseln.
- 1 Zwiebel schälen und fein würfeln.
- 5 EL Sonnenblumenöl in der Pfanne erhitzen.
- Zwiebelwürfel und Tofubrösel bei mittlerer Hitze anbraten, bis alles eine leicht bräunliche Farbe annimmt.
- 1 Bund Schnittlauch waschen und klein schneiden.
- Das Tofu-Rührei mit Salz, Pfeffer, Curry und Kurkuma würzen und abschmecken.
- Zum Schluss mit Schnittlauch bestreuen und leicht unterheben.

Fertig!

Zutaten:

- 400 g Tofu
- 1 Zwiebel
- 5 EL Sonnenblumenöl
- 1 Bund Schnittlauch
- Salz, Pfeffer
- Curry mild
- Kurkuma

Zwiebelmett

Zeit: 15 Minuten
Schwierigkeit: ♥
Menge: 6-8 Portionen

Zubereitung:

- 100 g Reiswaffeln zerbröseln.
- 300 ml Wasser erhitzen, über die zerbröselten Reiswaffeln geben und gut durchrühren.
- 1 Zwiebel schälen und klein würfeln.
- 5 EL Sonnenblumenöl, 100 g Tomatenmark, Salz, Pfeffer, 2 EL Senf sowie 1 TL Grillgewürz zu den Reiswaffeln geben und gut damit vermengen.
- Die Zwiebelwürfel über die Reiswaffelmasse geben und gut durchmischen.

Fertig!

Zutaten:

- 100 g Reiswaffeln
- 300 ml Wasser
- 1 kleine Zwiebel
- 5 EL Sonnenblumenöl
- 100 g Tomatenmark
- Salz, Pfeffer
- 2 TL mittelscharfer Senf
- 1 TL Grillgewürz (aus dem Bioladen)

♥-Tipp

Am besten einen halben Tag durchziehen lassen.
Sieht original aus wie Zwiebelmett und schmeckt super!!!

Fleischsalat

Zeit: 30 Minuten
Schwierigkeit: ♥
Menge: 4 Portionen

Zubereitung:

- 250 g Tofu in feine Streifen schneiden.
- 4 EL Sonnenblumenöl in der Pfanne erhitzen und die Tofustreifen darin anbraten.
- Die Tofustreifen mit 1 EL Grillgewürz bestreuen und dann mit 4 EL Sojasauce ablöschen.
- 10 Gewürzgurken in feine Würfel schneiden.
- Die angebratenen Tofustreifen mit den Gurkenwürfeln vermengen.
- 4 EL Mayonnaise mit 2 EL Gewürzgurkensaft verrühren. Danach mit 1 TL Senf und Pfeffer würzen.
- Die Mayosauce dann über die Tofustreifen und Gurkenwürfel geben und alles gut miteinander vermengen.

Fertig!

Zutaten:

- 250 g Tofu natur
- 4 EL Sonnenblumenöl
- 1 EL Grillgewürz
- 4 EL Sojasauce
- 10 Gewürzgurken
- 4 EL Mayonnaise (z. B. von Bio Vita)
- 2 EL Gewürzgurkensaft
- 1 TL Senf
- Pfeffer

Vorspeisen/Suppe

Antipasti

Zeit: 45 Minuten
Schwierigkeit: ♥ ♥
Menge: 6-8 Portionen

Zubereitung:

- 2 rote Paprikaschoten waschen, entkernen und in Streifen schneiden.
- 2 Zucchini waschen und in ca. 5 mm dicke Scheiben schneiden.
- 4 Möhren waschen, schälen und in ca. 2 mm dicke Scheiben schneiden.
- 300 g Champignons putzen und evtl. halbieren oder vierteln.
- 4 rote Zwiebeln schälen und in Ringe schneiden.
- 8 Knoblauchzehen schälen und in dünne Scheiben schneiden.
- 3 EL Olivenöl in der Pfanne erhitzen, die Paprikastreifen und ¼ des Knoblauchs darin anbraten, so dass die Paprikastreifen noch Biss haben. Danach salzen, pfeffern, mit 3 EL Balsamico-Essig beträufeln und ziehen lassen.
- 3 EL Olivenöl in der Pfanne erhitzen, die Zucchini und ¼ des Knoblauchs darin anbraten, so dass die Zucchinischeiben noch ihre Form behalten. Danach salzen, pfeffern, mit Balsamico-Essig beträufeln und ziehen lassen.
- 3 EL Olivenöl in der Pfanne erhitzen, die Möhren und ¼ des Knoblauchs darin anbraten, so dass die Möhrenscheiben noch Biss haben. Danach salzen, pfeffern, mit 3 EL Balsamico-Essig beträufeln und ziehen lassen.
- 3 EL Olivenöl in der Pfanne erhitzen, die Champignons und ¼ des Knoblauchs darin anbraten, so dass die Champignons noch Biss haben. Danach salzen, pfeffern, mit 3 EL Balsamico-Essig beträufeln und ziehen lassen.
- 3 EL Olivenöl in der Pfanne erhitzen, die Zwiebelringe anbraten, salzen, pfeffern, mit Balsamico-Essig beträufeln und ziehen lassen.
- Jetzt das gesamte, fertige Gemüse, d. h. Paprikastreifen, Zucchinischeiben, Möhrenscheiben, Champignons und Zwiebelringe auf einem Teller anrichten und alles mit Basilikum garnieren.

Zutaten:

- 2 rote Paprikaschoten
- 2 kleine Zucchini
- 4 Möhren
- 300 g Champignons
- 4 große rote Zwiebeln
- 8 Knoblauchzehen
- 15 EL Olivenöl
- 15 EL Balsamico-Essig
- Salz, Pfeffer

Fertig!

Bruschetta

Zeit: 20 Minuten
Schwierigkeit: ♥
Menge: 6-8 Portionen

Zubereitung:

- 1 Baguettestange in Scheiben schneiden.
- 4 Tomaten waschen und in kleine Würfel schneiden.
- 1 Zwiebel und 3 Knoblauchzehen schälen und in kleine Würfel schneiden.
- Tomaten-, Zwiebel- und Knoblauchwürfel mit 4 EL Olivenöl, Salz und Pfeffer vermischen.
- Umluft-Backofen auf 180°C vorheizen.
- Das Tomatenragout auf den Baguettescheiben verteilen, die Baguettescheiben auf ein mit Backpapier belegtes Backblech legen und dann für ca. 10 Minuten in den Ofen stellen.
- ½ Bund Basilikumblätter waschen und in Streifen schneiden.
- Nach dem Überbacken die Bruschettascheiben mit Basilikumblätter bestreuen.

Fertig!

Zutaten:

- 1 Baguettestange
- 4 Tomaten
- 1 rote Zwiebel
- 3 Knoblauchzehen
- 4 EL Olivenöl
- Salz, Pfeffer
- ½ Bund Basilikum

Backblech:

- Backpapier für das Backblech

Tomate-Mozzarella

Zeit: 20 Minuten
Schwierigkeit: ♥
Menge: 4 Portionen

Zubereitung:

- 3 Tomaten waschen, Stiele entfernen und in feine Scheiben schneiden.
- 1 Sojakäse in feine Scheiben schneiden.
- ½ Bund Basilikum waschen und die Blättchen abzupfen.
- 3 EL Olivenöl, 1 EL Agavendicksaft, 3 EL weißen Balsamico-Essig, Salz und Pfeffer vermischen und mit einer Gabel aufschlagen bis eine dickliche Flüssigkeit entsteht.
- Tomate und Sojakäse im Wechsel fächermäßig anrichten, mit Essiggemisch beträufeln und mit Basilikum garnieren.

Fertig!

Zutaten:

- 3 Tomaten
- 1 Sojakäse Fermate (z.B. von Nagel) oder Mozzarisella (von vegan friendly)
- ½ Bund Basilikum
- 3 EL Olivenöl
- 1 EL Agavendicksaft
- 3 EL Balsamico-Essig (weiß)
- Salz, Pfeffer

Feldsalat mit "Späck"

Zeit: 20 Minuten
Schwierigkeit: ♥
Menge: 4 Portionen

Zubereitung:

- 200 g Feldsalat waschen und gut abtropfen lassen.
- 250 g Räuchertofu in kleine Würfel schneiden.
- 1 rote Zwiebel schälen und in kleine Würfel schneiden.
- 2 EL Sonnenblumenöl erhitzen, die Zwiebel- und Tofuwürfel darin anbraten und dann mit 4 EL Sojasauce und 2 EL Ahornsirup ablöschen.
- 4 EL Olivenöl, 4 EL Balsamico-Essig, Salz, Pfeffer vermengen und zu dem Späck geben und über den Salat gießen. Den Salat mit 4 EL Balsamico-Creme, 2 EL Sonnenblumenkernen und 2 EL Kürbiskernen anrichten.

Fertig!

Zutaten:

- 200 g Feldsalat
- 250 g Räuchertofu
- 1 rote Zwiebel
- 2 EL Sonnenblumenöl
- 4 EL Sojasauce
- 2 EL Ahornsirup
- 4 EL Olivenöl
- 4 EL Balsamico-Essig (dunkel)
- Salz, Pfeffer
- 4 EL Balsamico-Creme
- 2 EL Sonnenblumenkerne
- 2 EL Kürbiskerne

Tomatensuppe

Zeit: 20 Minuten
Schwierigkeit: ♥
Menge: 4 Portionen

Zubereitung:

- 1 Zwiebel schälen und in Würfel schneiden.
- 1 EL Margarine in einem Topf erhitzen, Zwiebelwürfel darin anschwitzen.
- Die Zwiebelwürfel mit 1 EL Weizenvollkornmehl bestäuben, kurz mitrösten, 2 EL Tomatenmark unterrühren, dann mit 500 ml Wasser ablöschen und aufkochen lassen.
- Die Suppe pürieren.
- 500 ml passierte Tomaten dazugeben und mit Salz, Pfeffer und Curry abschmecken.
- 5-7 Basilikumblättchen waschen und fein schneiden.
- Die Suppe mit 4 EL Scjasahne und dem Basilikum anrichten.

Fertig!

Zutaten:

- 1 Zwiebel
- 1 EL pflanzliche Margarine (z.B. Alsan)
- 1 EL Weizenvollkornmehl
- 2 EL Tomatenmark
- 500 ml Wasser
- 500 ml passierte Tomaten
- Salz, Pfeffer, Curry
- 5-7 Blättchen Basilikum
- 4 EL Sojasahne

Zwiebelsuppe

Zeit: 20 Minuten
Schwierigkeit: ♥
Menge: 2 Portionen

Zubereitung:

- 500 g Zwiebeln schälen und in dünne Scheiben schneiden.
- 2 EL Margarine im Topf erhitzen und die Zwiebelringe darin andünsten.
- 2 EL Mehl über die angeschwitzten Zwiebelringe stäuben, mit 200 ml Sojamilch und 200 ml Gemüsebrühe ablöschen.
- Die Suppe aufkochen lassen und dann vom Herd nehmen.
- 200 ml Sojasahne zugeben und mit Salz und Pfeffer abschmecken.

Fertig!

Zutaten:

- 500 g Zwiebeln
- 2 EL pflanzliche Margarine (z.B. Alsan)
- 2 EL Vollkornmehl
- 200 ml Sojamilch
- 200 ml Gemüsebrühe
- 200 ml Sojasahne
- Salz, Pfeffer

Kokos-Currysuppe

Zeit: 20 Minuten
Schwierigkeit: ♥
Menge: 6 Portionen

Zubereitung:

- 1 Bund Frühlingszwiebeln und 1 Stück Ingwer klein schneiden.
- 2 Möhren und 1 Süßkartoffel schälen und klein schneiden.
- ½ Hokkaido-Kürbis entkernen und in kleine Stücke schneiden.
- 2 Knoblauchzehen schälen und in kleine Stücke schneiden.
- 4 EL Sonnenblumenöl erhitzen, die Frühlingszwiebeln und den Ingwer darin anbraten und mit 2 EL Currypaste anschwitzen.
- Knoblauch, Hokkaido-Kürbis, Süßkartoffeln und Möhren dazu geben und verrühren.
- Mit 400 ml Kokosmilch und 400 ml Gemüsebrühe ablöschen und aufkochen lassen. Die Suppe ca. 20 Minuten auf mittlerer Stufe köcheln lassen.
- 1 Limette halbieren und den Saft auspressen.
- Danach die Suppe pürieren und dann mit dem Saft der Limette, 2 EL Agavendicksaft, Salz und Pfeffer abschmecken.

Fertig!

Zutaten:

- 1 Bund Frühlingszwiebeln
- 1 Stück Ingwer
- 2 Möhren
- 1 Süßkartoffel
- ½ Hokkaido-Kürbis
- 2 Knoblauchzehen
- 4 EL Sonnenblumenöl
- 2 TL Currypaste (mild/gelb)
- 400 ml Kokosmilch
- 400 ml Gemüsebrühe
- 1 Limette
- 2 EL Agavendicksaft
- Salz, Pfeffer

Zucchini-Cremesuppe mit Croutons

Zeit: 20 Minuten
Schwierigkeit: ♥
Menge: 2 Portionen

Zubereitung:

- 4 Kartoffeln schälen und halbieren.
- 3 Zucchini waschen und in Scheiben schneiden.
- 3 EL Sonnenblumenöl erhitzen, Kartoffeln und Zucchini darin anschwitzen, danach mit ½ Liter Gemüsebrühe ablöschen und ca. 20 Minuten köcheln.
- Die Suppe pürieren, dann mit 250 ml Sojamilch und 250 ml Sojasahne auffüllen. Mit Salz und Pfeffer abschmecken.
- 4 Toastbrotscheiben in kleine Würfel schneiden und in der Pfanne mit 2 EL aufgelöster Margarine goldbraun anbraten. Zum Schluss mit 1 TL Pommessalz würzen.
- Die Croutons über die Suppe geben.

Fertig!

Zutaten:

- 4 große Kartoffeln
- 3 kleine Zucchinis
- 3 EL Sonnenblumenöl
- ½ Liter Gemüsebrühe
- 250 ml Sojamilch
- 250 ml Sojasahne
- Salz, Pfeffer
- 4 Scheiben Vollkorn-Toastbrot
- 2 EL pflanzliche Margarine (z. B. Alsan)
- 1 TL Pommessalz

Saucen & Dips

Tomatensauce

Zeit: 15 Minuten
Schwierigkeit: ♥
Menge: 6-8 Portionen

Zubereitung:

- 3 EL Margarine im Topf auflösen und 3 EL Vollkornmehl darin anschwitzen.
- 3 EL Tomatenmark dazugeben, unterrühren und mit ½ Liter Gemüsebrühe ablöschen und 10 Minuten köcheln lassen.
- Tomatensauce mit Salz, Pfeffer, Curry und 2 EL Agavendicksaft würzen und mit 3 EL Sojasahne abrunden.

Fertig!

Zutaten:

- 3 EL pflanzliche Margarine
- 3 EL Vollkornmehl
- 3 EL Tomatenmark
- ½ Liter Gemüsebrühe
- Salz, Pfeffer, Curry
- 2 EL Agavendicksaft
- 3 EL Sojasahne

Bratensauce

Zeit: 20 Minuten
Schwierigkeit: ♥
Menge: 4 Portionen

Zubereitung:

- 1 Knoblauchzehe und 1 Zwiebel schälen und in kleine Würfel schneiden.
- 2 EL Sonnenblumenöl in einem Topf erhitzen und die Zwiebelwürfel darin ca. 5 Minuten anbraten, dann 2 EL Mehl dazugeben und anschwitzen.
- Knoblauchwürfel dazugeben und mit ½ Liter Gemüsebrühe ablöschen und ca. 10 Minuten köcheln lassen.
- Die Sauce pürieren und mit 2 EL Sojasauce, Salz, Pfeffer, Grillgewürz und 2 EL Sojasahne abschmecken.

Fertig!

Zutaten:

- 1 Knoblauchzehe
- 1 Zwiebel
- 2 EL Sonnenblumenöl
- 2 EL Vollkornmehl
- ½ Liter Gemüsebrühe
- 2 EL Sojasauce
- Salz, Pfeffer, Grillgewürz
- 2 EL Sojasahne

♥-Tipp

Mehlschwitze nach dem Ablöschen ca. 10 Minuten köcheln, damit der Mehlgeschmack verschwindet.

Fruchtige Currysauce

Zeit: 30 Minuten
Schwierigkeit: ♥
Menge: 4 Portionen

Zubereitung:

- 2 Zwiebeln schälen und in kleine Würfel schneiden.
- 2 Äpfel schälen, entkernen und in kleine Würfel schneiden.
- 2 EL Margarine in einem Topf zerlassen und Zwiebelwürfel darin glasig dünsten. Apfelwürfel hinzufügen und ca. 10 Minuten einköcheln lassen.
- Mit 250 ml Multivitaminsaft ablöschen und aufkochen lassen. Mit dem Pürierstab die Zwiebel- und Apfelstückchen zerkleinern, 100 ml Kokosmilch und 100 ml Sojasahne dazugeben und weitere 10 Minuten köcheln lassen.
- Mit 1 EL Currypulver und Salz abschmecken.

Fertig!

Zutaten:

- 2 Zwiebeln
- 2 Äpfel
- 2 EL pflanzliche Margarine (z. B. Alsan)
- 250 ml Mulitvitaminsaft
- 100 ml Kokosmilch
- 100 ml Sojasahne
- 1 EL Currypulver (mild)
- Salz

Helle Sauce

Zeit: 15 Minuten
Schwierigkeit: ♥
Menge: 4 Portionen

Zubereitung:

- 2 EL Margarine in einem Topf zerlassen, mit 2 EL Vollkornmehl bestäuben und mit 200 ml Sojamilch und 200 ml Gemüsebrühe unter Rühren ablöschen, 10 Minuten köcheln lassen.
- 100 ml Sojasahne unterrühren.
- 1 Bund Petersilie waschen und fein hacken.
- Mit Petersilie, Salz, Pfeffer und ½ TL Senf abschmecken.

Fertig!

Zutaten:

- 2 EL pflanzliche Margarine
- 2 EL Vollkornmehl
- 200 ml Sojamilch
- 200 ml Gemüsebrühe
- 100 ml Sojasahne
- 1 Bund Petersilie
- Salz, Pfeffer
- ½ TL Senf

♥-Tipp

Mehlschwitze nach dem Ablöschen ca. 10 Minuten köcheln, damit der Mehlgeschmack verschwindet.

Mayonnaise

Zeit: 5 Minuten
Schwierigkeit: ♥
Menge: 1 kleines Töpfchen

Zubereitung:

- 50 ml Sojamilch und 150 ml Sonnenblumenöl in ein Gefäß geben, dann kurz (ca. 10 Sekunden) mit dem Pürierstab aufschlagen, bis eine Creme entsteht (Öl und Milch sollten gleich temperiert sein).
- Mit Salz, Pfeffer, 1 EL Balsamico-Essig und ½ TL Senf abschmecken.

Fertig!

Zutaten:

- 50 ml Sojamilch
- 150 ml Sonnenblumenöl
- Salz, Pfeffer
- 1 EL heller Balsamico-Essig
- ½ TL Senf

Wichtig:

- Sojamilch und Sonnenblumenöl müssen immer die gleiche Temperatur haben!!!
- Sojamilch und Sonnenblumenöl nicht mixen, sondern sofort mit dem Pürierstab aufschlagen!!!

♥-Variante

Für Ajoli z. B. eine Knoblauchzehe zerkleinern und untermischen.

Lassen Sie Ihrer Fantasie freien Lauf!

Rucola-Pesto

Zeit: 10 Minuten
Schwierigkeit: ♥
Menge: 1 kleines Töpfchen

Zubereitung:

- 150 g Rucola waschen und in grobe Stücke schneiden.
- 2 Knoblauchzehen schälen und in feine Würfel schneiden.
- Rucola, 70 g Cashewkerne, Knoblauch und Salz mit dem Pürierstab fein mixen, dabei nach und nach 120 ml Olivenöl dazugeben.
- Mit Salz und Pfeffer würzen.
- So lange rühren, bis das Pesto cremig wird. (Wenn es zu dickflüssig ist, etwas Nudelwasser dazugeben.)

Fertig!

Zutaten:

- 150 g Rucola
- 2 Knoblauchzehen
- 70 g Cashewkerne
- 120 ml Olivenöl
- Salz, Pfeffer

Cremige Salatsauce (Dill-Senf)

Zeit: 10 Minuten
Schwierigkeit: ♥
Menge: 600 ml

Zubereitung:

- 1 Bund Dill waschen und fein schneiden.
- 250 g Sojajoghurt, 250 ml Sojasahne, 100 ml Wasser, 2 EL Senf, 3 EL Balsamico-Essig, 2 EL Ahornsirup, Pfeffer, Salz, Curry und Dill vermengen und abschmecken.

Fertig!

Zutaten:

- 1 Bund Dill oder 1 EL Dill (getrocknet)
- 250 g Sojajoghurt
- 250 ml Sojasahne
- 100 ml Wasser
- 2 EL Senf
- 3 EL Balsamico-Essig
- 2 EL Ahornsirup (oder Agavendicksaft)
- Pfeffer, Salz, Curry

♥-Variante

Anstatt Senf und Dill: Knoblauch und Schnittlauch oder
Tomatenmark und Basilikum oder
Orangesaft und Ingwer, oder, oder, oder…

Lassen Sie Ihrer Fantasie freien Lauf!

Kräuter-Dip

Zeit: 10 Minuten
Schwierigkeit: ♥
Menge: ca. 8 Portionen

Zubereitung:

- 500 g Sojajoghurt, 250 ml Sojasahne, 1 TL Senf verrühren und mit Salz, Pfeffer und 2 EL Agavendicksaft abschmecken.
- 1 Bund Schnittlauch waschen und fein schneiden.
- 1 Knoblauchzehe schälen und mit der Knoblauchpresse zerdrücken.
- Schnittlauch und Knoblauch unter den Dip heben.
- Nochmals abschmecken.

Fertig!

Zutaten:

- 500 g Sojajoghurt natur
- 250 ml Sojasahne
- 1 TL Senf
- Salz, Pfeffer
- 2 EL Agavendicksaft
- 1 Bund Schnittlauch
- 1 Knoblauchzehe

♥-Variante

Für Tzatziki den Schnittlauch weglassen und dafür 2 Knoblauchzehen mehr nehmen und ½ Salatgurke (fein geraspelt) mit unterrühren.

Unsere Klassiker

Gefüllte Paprika

Zeit: 45 Minuten
Schwierigkeit: ♥♥
Menge: 4-6 Portionen

Zubereitung:

- 8 Paprikaschoten waschen, den Deckel vorsichtig abtrennen und entkernen.
- 6 Kartoffeln, 2 Möhren, 1 Zwiebel und 2 Knoblauchzehen schälen und in kleine Würfel schneiden.
- 1 Bund Petersilie waschen und klein schneiden.
- 5 EL Sonnenblumenöl in der Pfanne erhitzen, die Zwiebel- und Knoblauchwürfel darin anschwitzen.
- Kartoffelwürfel, Möhrenwürfel und Petersilie dazu geben.
- Mit Salz, Pfeffer und 1 TL Paprikapulver würzen und unter ständigem Rühren ca. 10-15 Minuten anbraten.
- Die Pfanne von der Herdplatte nehmen und die Paprikaschoten damit befüllen.
- Die gefüllten Paprikaschoten (mit Deckel) in eine gefettete Auflaufform setzen und im Umluft-Backofen bei 180°C ca. 1 Std. zugedeckt backen.
- Dazu passt Kräuter-Dip (Seite 61) oder helle Sauce (Seite 53).

Fertig!

Zutaten:

- 8 Paprikaschoten
- 6 Kartoffeln
- 2 Möhren
- 1 Zwiebel
- 2 Knoblauchzehen
- 1 Bund Petersilie
- 5 EL Sonnenblumenöl
- Salz, Pfeffer
- 1 TL Paprikapulver (edelsüß)

Sonstiges:

- Auflaufform mit Deckel oder Alufolie zum Abdecken
- Fett für die Form

Züricher Geschnetzeltes

mit Kartoffelrösti

Zeit: 45 Minuten
Schwierigkeit: ♥♥
Menge: ca. 4 Portionen

Zubereitung:

- 150 g Sojafleisch in eine Schale geben und mit 400 ml heißer Gemüsebrühe übergießen und ca. 10 Minuten ziehen lassen.
- 1 kg Kartoffeln schälen, fein raspeln, salzen und pfeffern.
- Aus der Kartoffelmasse ca. 10-12 Kugeln formen.
- 4 EL Sonnenblumenöl auf zwei Pfannen verteilen, erhitzen, ca. 5-6 Kugeln in je eine Pfanne geben und mit dem Pfannenwender platt drücken. Von beiden Seiten ca. 15 Minuten knusprig braun braten.
- 2 Zwiebeln schälen und in kleine Würfel schneiden.
- 200 g Champignons putzen und in Scheiben schneiden.
- Sojafleisch in ein Sieb geben und gut ausdrücken.
- In einer weiteren Pfanne 4 EL Sonnenblumenöl erhitzen, das Sojafleisch anbraten, Zwiebelwürfel und Champignonscheiben dazu geben.
- 1 Zitrone halbieren und den Saft ausdrücken.
- Wenn alles leicht gebräunt ist, 250 ml Sojasahne und 100 ml Wasser darüber gießen und leicht einköcheln lassen. Mit Salz, Pfeffer und Zitronensaft abschmecken.
- Jetzt das Geschnetzelte mit den Rösti's servieren. Dazu passt ein frischer Salat!

Fertig!

Zutaten:

- 150 g Sojafleisch (grob) z. B. von Grell
- 400 ml Gemüsebrühe
- 1 kg Kartoffeln
- 8 EL Sonnenblumenöl
- 2 Zwiebeln
- 200 g Champignons
- 1 Zitrone
- 250 ml Sojasahne
- 100 ml Wasser
- Salz, Pfeffer

Kartoffelsalat mit Würstchen

Zeit: 30-45 Minuten
Schwierigkeit: ♥♥
Menge: 4 Portionen

Zubereitung:

- 1 kg Kartoffeln ca. 15 Minuten kochen, anschließend pellen und vollständig abkühlen lassen.
- Für die Marinade ¼ Liter Gemüsebrühe, 1 EL Balsamico-Essig, 1 TL Salz, ½ TL Zucker und Pfeffer verrühren.
- Die gekochten Kartoffeln in Scheiben schneiden, mit der Marinade übergießen und ca. 10-20 Minuten ziehen lassen. Immer mal wieder umrühren.
- Für die Zubereitung der Mayonnaise müssen die Sojamilch und das Öl die gleiche Temperatur haben!!! 75 ml Sojamilch mit 225 ml Sonnenblumenöl in ein Gefäß füllen und mit dem Pürierstab ca. 10 Sekunden aufschlagen.
- Anschließend mit Salz, Pfeffer, 1 EL Balsamico-Essig, 1 EL Gurkenflüssigkeit und 1 TL Senf würzen.
- 1 Zwiebel schälen und in feine Würfel schneiden.
- 1 Glas Gurken abtropfen lassen und in Scheiben oder Würfel schneiden.
- 1 Apfel entkernen und ebenfalls in Würfel schneiden.
- Die Kartoffeln aus der Marinade heben (Marinade aufbewahren) und dann in einer großen Schüssel mit den Zwiebel-, Gurken- und Apfelwürfeln vermengen und dann die Mayonnaise vorsichtig unterheben.
- 3-6 EL Marinade noch dazugeben, bis der Kartoffelsalat eine gute Konsistenz hat.
- Eventuell noch einmal mit Salz und Pfeffer abschmecken.
- 4 Wiener kalt oder warm dazu servieren.

Fertig!

Zutaten Salat und Würstchen:

- 1 kg Kartoffeln (festkochend)
- 1 Zwiebel
- 1 Glas Gewürzgurken
- 1 Apfel
- 4 vegane Wiener

Zutaten Marinade:

- ¼ Liter Gemüsebrühe
- 1 EL Balsamico-Essig (hell)
- 1 TL Salz
- ½ TL Zucker
- Pfeffer

Zutaten Mayonnaise:

- 75 ml Sojamilch
- 225 ml Sonnenblumenöl
- Salz, Pfeffer
- 1 EL Balsamico-Essig
- 1 EL Gewürz-Gurkenflüssigkeit
- 1 TL Senf

Spaghetti mit Fleischklößchen in Rahmsauce

Zeit: 40 Minuten
Schwierigkeit: ♥♥
Menge: 4 Portionen

Zubereitung Fleischklößchen:

- 2 Knoblauchzehen schälen und in der Knoblauchpresse zerdrücken.
- 1 Zwiebel schälen und in feine kleine Würfel schneiden.
- 250 g Tofu in 1 cm dicke Scheiben schneiden und zum Trocknen ca. 5 Minuten auf ein Zellstoffpapier legen.
- 1 EL Sojamehl und 4 EL Wasser verrühren.
- Tofu, zerdrückter Knoblauch, Zwiebelwürfel, Sojamehlmasse, 2 TL Senf, 2 EL Weizenvollkorngrieß, Salz, Pfeffer und 1 TL Grillgewürz pürieren und danach 2 EL Paniermehl einrühren.
- Die Masse zu kleinen Klößchen (ergibt ca. 30 Stück) formen und in einer Pfanne in 4 EL Sonnenblumenöl goldgelb anbraten. Vorsichtig wenden.

Zubereitung Rahmsauce:

- 1 Zwiebel schälen und in feine kleine Würfel schneiden.
- Die gehackte Zwiebel in 2 EL Sonnenblumenöl anbraten, dann mit 2 EL Weizenvollkornmehl bestäuben und anschwitzen.
- Das Ganze mit 250 ml Sojamilch und 250 ml Sojasahne ablöschen, 2 EL Sojasauce, Salz, Pfeffer und Grillgewürz zugeben und danach pürieren. Evtl. noch einmal mit Salz und Pfeffer abschmecken.

250 g Spaghetti nach Gebrauchsanweisung kochen.
Die Klößchen vorsichtig in die Sauce legen und dann mit den Spaghetti servieren.

Fertig!

Zutaten Fleischklößchen:

- 2 Knoblauchzehen
- 1 kleine Zwiebel
- 250 g Tofu
- 1 EL Sojamehl
- 4 EL Wasser
- 2 TL Senf
- 2 EL Weizenvollkorngrieß
- Salz, Pfeffer
- 1 TL Grillgewürz
- 2 EL Paniermehl
- 4 EL Sonnenblumenöl

Zutaten Rahmsauce:

- 1 Zwiebel
- 2 EL Sonnenblumenöl
- 2 EL Weizenvollkornmehl
- 250 ml Sojasahne
- 250 ml Sojamilch
- 2 EL Sojasauce
- Salz, Pfeffer
- Grillgewürz

Sonstiges:

- 250 g Spaghetti

Chili con Tofu

Zeit: 30 Minuten
Schwierigkeit: ♥
Menge: 8 Portionen

Zubereitung

- 400 g Tofu zerbröseln und in 5 EL Sonnenblumenöl scharf anbraten.
- 1 Dose Kidneybohnen und 1 Dose Maiskörner abspülen und abtropfen lassen.
- 4 Zwiebeln schälen und in kleine Würfel schneiden.
- 4 Knoblauchzehen schälen und in der Knoblauchpresse zerdrücken.
- Zwiebelwürfel und zerdrückten Knoblauch zum Tofu geben und ca. 2 Minuten mitbraten.
- 4 EL Tomatenmark und 5 EL Agavendicksaft hinzufügen, kurz karamellisieren lassen und dann mit 700 ml passierten Tomaten ablöschen.
- 1 Paprikaschote waschen, entkernen und würfeln.
- Paprikawürfel, Kidneybohnen, Maiskörner, 1 TL italienische Kräuter, 1 Prise Chilipulver, 3 EL Sojasauce, Salz und Pfeffer zugeben und weitere 5 Minuten köcheln lassen.
- Dazu passt Baguette, Reis oder Fladenbrot.

Fertig!

Zutaten:

- 400 g Tofu
- 5 EL Sonnenblumenöl
- 1 Dose Kidneybohnen (ca. 200-250 g)
- 1 Dose Maiskörner (ca. 200-250 g)
- 4 Zwiebeln
- 4 Knoblauchzehen
- 4 EL Tomatenmark
- 5 EL Agavendicksaft
- 700 ml passierte Tomaten
- 1 Paprikaschote
- 1 TL italienische Kräuter (getrocknet)
- 1 Prise Chilipulver
- 3 EL Sojasauce
- Salz, Pfeffer

Sushi in zwei Variationen

Zeit: 60 Minuten
Schwierigkeit: ♥♥
Menge: 4 Personen

Zubereitung:

- 500 g Sushi-Reis mit ½ TL Salz und 750 ml Wasser zum Kochen bringen und bei schwacher Hitze ca. 10-15 Minuten quellen lassen.
- Nach dem Kochen 2-3 EL Reisessig unter den Reis heben.
- 100 g Tofu in dünne Streifen schneiden.
- 3 EL Öl in der Pfanne erhitzen und den Tofu darin scharf anbraten.
- Den Tofu mit 4 EL Sojasauce ablöschen, mit 1 TL Grillgewürz bestreuen und leicht abkühlen lassen.
- ⅓ Salatgurke in dünne Streifen schneiden.
- 3 EL Öl in der Pfanne erhitzen und 6 Spinatstäbchen darin kross anbraten. Danach einmal längs halbieren, damit jeweils zwei Streifen entstehen.
- Jetzt ein Algenblatt in den Sushi-Maker legen (mit der glänzenden Seite nach unten), 2 EL Reis ins Algenblatt füllen und mit je 2 Tofu- und Gurkenstreifen belegen.
- Dann das letzte Drittel wieder mit Reis befüllen, das Algenblatt herum legen und den Sushi-Maker mit leichtem Druck schließen.
- Den Sushi-Maker öffnen, die Rolle entnehmen und das überschüssige Algenblatt mit der Schere abschneiden.
- Für die zweite Variation benutzen Sie anstatt der Gurke und und dem Tofu die Spinatstäbchen.
- Wenn je 6 Sushirollen geformt sind, diese mit einem scharfen Messer in 1,5 cm dicke Röllchen schneiden. (Zwischendurch das Messer ins Wasser tauchen!)
- Auf einer großen Platte oder Teller anrichten.
- Den Tisch decken, Sojasauce, Wasabipaste und eingelegte Ingwerscheiben bereitstellen und Stück für Stück genießen!

Fertig!

Zutaten:

- 500 g Sushi-Reis
- 750 ml Wasser
- ½ TL Salz
- 2-3 EL Reis-Essig
- 12 Algenblätter (Noriblätter)

- 100 g Tofu
- ⅓ Salatgurke
- 3 EL pflanzl. Öl
- 4 EL Sojasauce
- 1 TL Grillgewürz

- 6 TK-Spinatstäbchen (z.B. von Iglu)
- 3 EL pflanzl. Öl
- Sojasauce
- Wasabipaste
- Eingelegte Ingwerscheiben

Weitere Hilfsmittel:

- Sushi-Maker

Schaschlikspieße mit Kartoffelspalten

Zeit: 45 Minuten
Schwierigkeit: ♥♥
Menge: 4 Portionen

Zubereitung Kartoffelspalten:

- 1 kg Kartoffeln schälen und achteln, so dass Spalten entstehen.
- Kartoffelspalten in einer Schale mit 3 EL Olivenöl, ¼ TL Salz und 1 TL Rosmarin vermengen und danach auf ein mit Backpapier ausgelegtes Backblech geben.
- Die Kartoffelspalten bei 160°C im Umluftbackofen ca. 35-45 Minuten garen.

Zubereitung Marinade:

- Ingwer schälen und auf der Ingwerreibe fein reiben.
- 2 Knoblauchzehen schälen und in der Knoblauchpresse zerdrücken.
- 4 EL Sojasauce, 4 EL Olivenöl, 1 Prise Chilipulver, fein geriebener Ingwer, Knoblauch zerdrückt, 2 EL Tomatenmark und 2 EL Agavendicksaft gut verrühren.

Zubereitung Spieße:

- 600 g Seitan in kleine Würfel schneiden.
- 2 Zucchini waschen und in ca. 1 cm dicke Scheiben schneiden.
- 15 Champignons säubern.
- 4 Zwiebeln schälen und vierteln.
- 3 Paprikaschoten waschen, entkernen und in mundgerechte Stücke schneiden.
- Das Gemüse und den Seitan abwechselnd auf die Spieße stecken und mit Marinade von allen Seiten einpinseln.
- Jetzt die Spieße im 200°C vorgeheizten Umluftbackofen ca. 10-15 Minuten gar grillen (je nachdem, wie knackig das Gemüse bleiben soll).
- Dazu die Kartoffelspalten reichen… Mmmmh!

Fertig!

Zutaten Kartoffelspalten:

- 1 kg Kartoffeln (festkochend)
- 3 EL Olivenöl
- ¼ TL Salz
- 1 TL Rosmarin

Zutaten Marinade:

- 1 Stück Ingwer
- 2 Knoblauchzehen
- 4 EL Sojasauce
- 4 EL Olivenöl
- 1 Prise Chilipulver
- 2 EL Tomatenmark
- 2 EL Agavendicksaft

Zutaten Spieße:

- 600 g Seitan
- 2 kleine Zucchini
- 15 Champignons
- 4 große rote Zwiebeln
- 1 rote Paprikaschote
- 1 gelbe Paprikaschote
- 1 grüne Paprikaschote
- 8-10 Holzspieße/Schaschlikspieße

2 Backbleche:

- Backpapier für die Backbleche

Bunte Reispfanne

Zeit: 40 Minuten
Schwierigkeit: ♥♥
Menge: 4-6 Portionen

Zubereitung:

- 1 Kaffeebecher Reis im Sieb waschen.
- Den Reis, 1 Kaffeebecher Tomatensaft und 1 Kaffeebecher Gemüsebrühe in einen Topf geben, aufkochen lassen und dann ca. 30-40 Minuten bei leichter Hitze quellen lassen.
- 1 Stange Porree waschen, putzen und in Ringe schneiden.
- 250 g Brokkoli waschen und in Röschen teilen.
- 1 Paprikaschote waschen, entkernen und in Streifen schneiden.
- 1 Zucchini waschen und in Scheiben schneiden.
- 100 g Champignons säubern und je nach Größe halbieren oder vierteln.
- 2 Knoblauchzehen schälen und in feine, kleine Würfel schneiden.
- 4 EL Olivenöl und die 2 EL Margarine in einer Pfanne erhitzen und darin 1 TL Currypaste leicht anschwitzen.
- Die Knoblauchwürfel und die Porreeringe dazugeben und leicht mit anbraten, danach mit 2 EL Sojasauce und 400 ml Kokosmilch ablöschen.
- Jetzt die Brokkoliröschen dazugeben und das Ganze ca. 5 Minuten köcheln lassen.
- Paprikastreifen, Zucchinischeiben und Champignons dazugeben und weitere 5 Minuten köcheln lassen.
- Koriander waschen und klein schneiden.
- Das Gemüse mit Salz und Pfeffer abschmecken, den Reis dazugeben und verrühren.
- Mit Koriander servieren.

Fertig!

Zutaten:

- 1 Kaffeebecher Natur Langkornreis
- 1 Kaffeebecher Tomatensaft
- 1 Kaffeebecher Gemüsebrühe
- 1 Stange Porree
- 250 g Brokkoli
- 1 rote Paprikaschote
- 1 kleine Zucchini
- 100 g Champignons
- 2 Knoblauchzehen
- 4 EL Olivenöl
- 2 EL pflanzliche Margarine
- 1 TL Currypaste (mild)
- 2 EL Sojasauce
- 1 Dose Kokosmilch (400 ml)
- 1 Bund Koriander
- Salz, Pfeffer

Bechereinheit 200 ml/200 g

Aufläufe/Pizza/Quiche

Kartoffelgratin

Zeit: 20 Minuten
Schwierigkeit: ♥
Menge: 4 Portionen

Zubereitung:

- 800 g Kartoffeln schälen und in Scheiben schneiden.
- 1 Zwiebel schälen und in kleine Würfel schneiden.
- 1 Knoblauchzehe schälen und in der Knoblauchpresse zerdrücken.
- Zwiebeln und Knoblauch auf dem Boden einer kleinen Auflaufform verteilen.
- Darauf die Kartoffeln mit etwas Salz und Pfeffer geben.
- 250 ml Sojasahne mit 50 ml Wasser und 1 TL Salz, Pfeffer und Muskatnuss würzen, verrühren und über die Kartoffeln verteilen.
- Den Kartoffelgratin im vorgeheizten Umluft-Backofen bei 180°C garen.

Fertig!

Zutaten:

- 800 g Kartoffeln
- 1 Zwiebel
- 1 Knoblauchzehe
- 1 TL Salz
- Pfeffer
- 250 ml Sojasahne
- 50 ml Wasser
- ½ TL Muskatnuss

♥-Tipp

Wer es gerne mit Käse mag, kann natürlich auch veganen Streukäse darüber geben!

Schnelle Lasagne Bolognese

Zeit: 10 Minuten
Schwierigkeit: ♥
Menge: 6 Portionen

Zubereitung:

- 600 g Tofu in einer Schale klein bröseln und mit 5 EL Olivenöl, 1 EL Grillgewürz, 1-2 TL Salz, Pfeffer und 1 EL italienischen Kräutern stark würzen. Ca. 5 Minuten ziehen lassen.
- Zu dem zerbröselten Tofu 100 ml Traubensaft (oder Rotwein), 800 ml passierte Tomaten, 125 ml Sojasahne und 3 EL Agavendicksaft geben und gut durchrühren.
- Bei der Auflaufform (ca. 20x30 cm) den Boden mit der Tofusauce bedecken und dann 6 Lasagneplatten drauflegen.
- Dann wieder die Tofusauce… Lasagneplatten… Tofusauce… Lasagneplatten und mit der Tofusauce abschließen.
- Die Lasagne mit 100 g geriebenem Käse bestreuen und dann im Umluftbackofen bei 160°C ca. 45 Minuten garen.

Fertig!

Zutaten:

- 600 g Tofu
- 5 EL Olivenöl
- 1 EL Grillgewürz
- 1-2 TL Salz
- Pfeffer
- 1 EL italienische Kräuter
- 100 ml Traubensaft (oder Rotwein)
- 800 ml passierte Tomaten
- 125 ml Sojasahne
- 3 EL Agavendicksaft
- 18 Lasagneplatten
- 100 g geriebener Käse (z. B. Wilmersburger Pizzaschmelz)

Auflaufform (ca. 20x30 cm)

Cannelloni mit Spinat und Tofu

Zeit: 45 Minuten
Schwierigkeit: ♥♥
Menge: 4 Portionen

Zubereitung:

- 1 kleine Zwiebel schälen und klein würfeln.
- 2 Knoblauchzehen schälen und in der Knoblauchpresse zerdrücken.
- 4 EL Sonnenblumenöl in einer Pfanne erhitzen und dann zusammen mit 300 g angetautem Spinat, Zwiebelwürfeln und dem zerdrückten Knoblauch gut andünsten.
- 1 Tomate waschen, in kleine Würfel schneiden und dann unter die Spinatmasse heben.
- 250 g Tofu zerbröseln, zu dem Spinat geben und kurz mitbraten.
- 100 ml passierte Tomaten hinzufügen und mit Salz und Pfeffer abschmecken.
- Mit der Spinatmasse die Cannelloni füllen.
- 400 ml passierte Tomaten mit 125 ml Sojasahne, Salz, Pfeffer, Basilikum und Oregano zu einer Sauce verrühren und kräftig abschmecken.
- ⅓ von der Tomatensauce in eine Auflaufform geben, die Cannellonis reinsetzen und mit der restlichen Sauce übergießen. Mit 100 g geriebenem Käse bestreuen und im vorgeheizten Umluftbackofen bei 180°C ca. 40 Minuten garen.

Fertig!

Zutaten:

- 1 kleine Zwiebel
- 2 Knoblauchzehen
- 4 EL Sonnenblumenöl
- 300 g Spinat (TK)
- 1 Tomate
- 250 g Tofu
- 500 ml passierte Tomaten
- Salz, Pfeffer, Basilikum, Oregano
- 125 ml Sojasahne
- 250 g Cannelloni
- 100 g geriebenen Käse (z. B. Wilmersburger Pizzaschmelz)

Auflaufform

Zucchini-Boote

Zeit: 30 Minuten
Schwierigkeit: ♥♥
Menge: 4 Personen

Zubereitung:

- Die 4 Zucchini waschen, längs halbieren, mit einem Esslöffel entkernen und aushöhlen.
- 150 g Sojafleisch in ½ Liter Gemüsebrühe ca. 5-10 Minuten einweichen.
- 3 rote Zwiebeln und 3 Knoblauchzehen schälen und in feine, kleine Würfel schneiden.
- 3 EL Sonnenblumenöl in der Pfanne erhitzen und dann das leicht ausgedrückte Sojafleisch darin anbraten, bis die Flüssigkeit aufgesogen ist.
- Dann die Zwiebelwürfel und die Knoblauchwürfel mit anbraten.
- 100 g Tomatenmark zum Sojageschnetzelten geben und mit 100 ml passierten Tomaten ablöschen. Das Ganze leicht einköcheln lassen und mit Salz, Pfeffer und italienischen Kräutern würzen.
- 400 ml passierte Tomaten mit 125 ml Sojasahne vermengen und mit Salz, Pfeffer und italienischen Kräutern kräftig würzen.
- Die Tomatensauce in eine Auflaufform geben.
- Die halbierten Zucchini mit dem Sojageschnetzelten füllen, in die Tomatensauce setzen und mit 100 g geriebenem Käse bestreuen.
- Die Zucchinis bei 160°C im Umluftbackofen ca. 40 Minuten backen.
- Dazu schmecken Nudeln oder ein leckeres Baguette.

Fertig!

Zutaten:

- 4 Zucchini
- 150 g Sojafleisch (fein)
- ½ Liter Gemüsebrühe
- 3 rote Zwiebeln
- 3 Knoblauchzehen
- 3 EL Sonnenblumenöl
- 100 g Tomatenmark
- 500 ml passierte Tomaten
- Salz, Pfeffer, ital. Kräuter
- 125 ml Sojasahne
- 100 g geriebener Käse (z. B. Wilmersburger Pizzaschmelz)

Auflaufform

Pizza

Zeit: 30-40 Minuten
Schwierigkeit: ♥♥
Menge: 1 Backblech

Zubereitung Teig:

- ½ Würfel Hefe in 100 ml lauwarmem Wasser auflösen und mit 200 g Weizenvollkornmehl, 2 EL Olivenöl und 1 Prise Salz zu einem Teig verkneten.
- Abgedeckt mit einem feuchten Tuch ca. 30 Minuten an einem warmen Ort gehen lassen.

Zubereitung Belag:

- 1 Paprikaschote waschen, entkernen und in dünne Streifen schneiden.
- 2 Knoblauchzehen schälen und in dünne Scheiben schneiden.
- 2 rote Zwiebeln schälen, halbieren und in dünne Ringe schneiden.
- 150 ml passierte Tomaten mit 1 EL Olivenöl, Salz und 1 TL italienische Kräuter vermengen.
- Pizzateig nochmals ordentlich durchkneten, dünn auf einer Arbeitsfläche ausrollen, danach auf ein mit Backpapier ausgelegtes Backblech legen und mit Tomatensauce bestreichen.
- Zwiebelringe, Knoblauchscheiben und Paprikastreifen auf der Sauce verteilen (evtl. auch Oliven und Peperoni).

Zubereitung Hefeschmelz:

- 2 EL Margarine in einem Topf schmelzen, mit dem Schneebesen 3 TL Weizenvollkornmehl einrühren und mit 150 ml lauwarmen Wasser ablöschen.
- 4 EL Hefeflocken, 1 TL Salz und 1 TL Senf hinzufügen und unter Rühren kurz aufkochen lassen.
- Danach mit dem Löffel über die Pizza tröpfeln.
- Nach Geschmack noch etwas Oregano über die Pizza geben.
- Im vorgeheizten Umluftbackofen bei 180°C ca. 25-30 Minuten backen.

Fertig!

Zutaten Teig:

- ½ Würfel frische Hefe
- 100 ml lauwarmes Wasser
- 200 g Weizenvollkornmehl
- 2 EL Olivenöl
- 1 Prise Salz

Zutaten Belag:

- 1 Paprikaschote
- 2 Knoblauchzehen
- 2 rote Zwiebeln
- 150 ml passierte Tomaten
- 1 EL Olivenöl
- Salz
- 1 TL ital. Kräuter
- Evtl. einige Oliven und/oder Peperoni
- Oregano

Zutaten Hefeschmelz:

- 2 EL pflanzliche Margarine (z.B. Alsan)
- 3 TL Weizenvollkornmehl
- 150 ml lauwarmes Wasser
- 4 EL Hefeflocken
- 1 TL Salz
- 1 TL Senf (maximal)

Backblech:

- Backpapier für das Backblech

Zwiebelkuchen

Zeit: 1 Stunde
Schwierigkeit: ♥♥
Menge: 1 Springform (Ø 26 cm)

Zubereitung Teig:

- 20 g frische Hefe mit 125 ml lauwarmen Wasser auflösen und dann mit 300 g Weizenvollkornmehl, 2 EL Olivenöl, 1 EL Agavendicksaft und 1 TL Salz zu einem Teig verkneten.
- Danach den Teig in eine gefettete Springform (Ø 26 cm) legen. Den Teig am Rand etwas hochkneten. Die Springform ca. 30 Minuten mit einem feuchten Tuch abgedeckt an einen warmen Ort stellen, damit der Teig aufgehen kann.

Zubereitung Belag:

- 800 g Zwiebeln schälen und in Ringe schneiden.
- 250 g Räuchertofu in kleine Würfel schneiden.
- 3 EL Sonnenblumenöl in einer Pfanne erhitzen, dann die Zwiebelringe und die Tofuwürfel ca. 10 Minuten darin andünsten und dann mit Salz und Kümmel würzen.
- 2 EL Cashewmus mit ca. 100 ml heißem Wasser mixen.
- Das restliche Wasser (250 ml) mit 1 TL Agar-Agar aufkochen.
- Danach Cashewwasser, 125 ml Sojasahne und Agar-Agar-Wasser mischen und unter die Zwiebelmasse geben.
- Den Teig nochmal in der Form gut andrücken.
- Zwiebelmasse auf den Teig verteilen, Teig bis zur Zwiebelmasse runter drücken und erneut an einem warmen Ort ca. 10 Minuten gehen lassen.
- Den Zwiebelkuchen danach im vorgeheizten Umluftbackofen bei 180°C ca. 30-40 Minuten backen.

♥-Tipp

Am besten lässt sich der Zwiebelkuchen aufschneiden, wenn er ein Mal auskühlt und danach noch mal erwärmt wird.
♥ Also super zum Vorbereiten! ♥

Zutaten Teig:

- 20 g frische Hefe
- 125 ml lauwarmes Wasser
- 300 g Weizenvollkornmehl
- 2 EL Olivenöl
- 1 EL Agavendicksaft
- 1 TL Salz

Zutaten Belag:

- 800 g Zwiebeln
- 250 g Räuchertofu
- 3 EL Sonnenblumenöl
- Salz, Kümmel
- 2 EL Cashewmus
- 350 ml heißes Wasser
- 1 TL Agar-Agar
- 125 ml Sojasahne

Springform (Ø 26 cm):

- Fett für die Form

Tomaten-Quiche

Zeit: 30-45 Minuten
Schwierigkeit: ♥♥
Menge: 1 Quicheform

Zubereitung Teig:

- 330 g Weizenvollkornmehl, 150 g Margarine, 80 ml Wasser und ½ TL Salz zu einem glatten Teig verkneten und abgedeckt 30 Minuten in den Kühlschrank legen.

Zubereitung Füllung:

- Für die Füllung 400 g Cherry-Tomaten waschen, abtrocknen und halbieren.
- Die frischen Kräuter waschen, trocknen und ganz fein schneiden.
- 400 g Seidentofu mit 2 EL Olivenöl, 2 EL Speisestärke, 1 TL Salz, je 1 TL frische Kräuter, 1 TL Kurkuma, Muskat und Pfeffer pürieren bis eine cremige Masse entsteht.
- Den Teig auf dem Backpapier auf Quicheformgröße (+ Rand) ausrollen und dann in der Quicheform (Ø 26 cm) mit Backpapier fest andrücken.
- Den Teig bei 200°C (Ober-/Unterhitze) 10 Minuten vorbacken.
- Die Füllung auf dem vorgebackenen Teig verteilen und mit den halbierten Tomaten mit der Hautseite nach unten belegen.
- Dann die Quiche bei 200°C weitere 20 Minuten backen, anschließend die Temperatur auf 175°C reduzieren und die Quiche weitere 15 Minuten fertig backen.
- Die Quiche vor dem anschneiden 10 Minuten ruhen lassen und dann servieren.

Fertig!

Zutaten Teig:

- 330 g Weizenvollkornmehl
- 150 g pflanzliche Margarine (z.B. Alsan)
- 80 ml Wasser
- ½ TL Salz

Zutaten Füllung:

- 400 g Cherrytomaten
- 1 TL frischer Thymian
- 1 TL frischer Oregano
- 1 EL frischer Schnittlauch
- 3 EL frischer Basilikum
- 400 g Seidentofu
- 2 EL Olivenöl
- 2 EL Speisestärke
- 1 TL Salz
- 1 TL Kurkuma
- Muskat, Pfeffer

Quicheform (Ø26 cm)

- Backpapier für die Quicheform

Flammkuchen

Zeit: 30 Minuten
Schwierigkeit: ♥♥
Menge: 1 Flammkuchen

Zubereitung Teig:

- 8 g frische Hefe in 50 ml lauwarmen Wasser auflösen und mit 100 g Weizenvollkornmehl, 1 EL Olivenöl und 1 Prise Salz zu einem Teig verkneten. Abgedeckt mit einem feuchten Tuch an einem warmen Ort mind. 30 Minuten gehen lassen.

Zubereitung Füllung:

- 100 ml Sojasahne mit 2 TL Kräuter der Provence, Salz und Pfeffer abschmecken.
- Die Frühlingszwiebel in Ringe schneiden. Die Zucchini halbieren und in Scheiben schneiden.
- 60 g Tofu kleinbröseln.
- Den Teig nochmals kurz kneten und dann dünn ausrollen, so dass eine runde Form entsteht.
- Die Hälfte der Kräuter-Sojasahne auf den Teig streichen und dann die Zucchini, den Tofu und die Frühlingszwiebeln darauf verteilen.
- Den Rest Kräuter-Sojasahne darübergießen, den Flammkuchen auf ein mit Backpapier belegtes Backblech legen und bei 180°C im Umluftbackofen ca. 20 Minuten backen.

Fertig!

Zutaten Teig:

- 8 g frische Hefe
- 50 ml lauwarmes Wasser
- 100 g Weizenvollkornmehl
- 1 EL Olivenöl
- 1 Prise Salz

Zutaten Füllung:

- 100 ml Sojasahne
- 2 TL Kräuter der Provence
- Salz, Pfeffer
- 1 Frühlingszwiebel
- 1 kleine Zucchini (ca. 100 g)
- 60 g Tofu

Backblech

- Backpapier für das Backblech

Einfach & schnell

Burger

Zeit: 30 Minuten
Schwierigkeit: ♥
Menge: 12 Burger

Zubereitung Buletten:

- 1 Dose Kichererbsen und 1 Dose Kidneybohnen in einem Sieb gut abspülen und abtropfen lassen.
- 2 Knoblauchzehen und 1 Zwiebel schälen und in kleine Würfel schneiden.
- Kichererbsen, Kidneybohnen, 2 Tassen Haferflocken, ¼ Liter Gemüsebrühe, Zwiebel- und Knoblauchwürfel 1 TL Senf und 3 EL Paniermehl in eine große Schale geben und dann mit einem Pürierstab alles zerkleinern.
- Mit Salz, Pfeffer und 2 EL Grillgewürz würzen.
- 6 EL Sonnenblumenöl in 2 Pfannen erhitzen und aus der pürierten Masse 12 EL in die 2 Pfannen setzen und kross anbraten.
- Salatblätter waschen und abtropfen lassen.
- Gurkenscheiben abtropfen lassen.
- 12 Brötchen aufschneiden.
- 1 Brötchenhälfte mit 1 TL Ketchup und 1 Brötchenhälfte mit 1 TL Mayonnaise bestreichen.
- Nun mit einem Salatblatt, einer Bulette, 5-6 Gurkenscheiben, noch einmal je 1 TL Ketchup, Mayonnaise und Röstzwiebeln belegen und mit der anderen Brötchenhälfte abschließen.

Fertig!

Zutaten Buletten:

- 1 Dose Kichererbsen (ca. 200-250 g)
- 1 Dose Kidneybohnen (ca. 200-250 g)
- 2 Knoblauchzehen
- 1 Zwiebel
- 2 Tassen Haferflocken
- ¼ Liter Gemüsebrühe
- 1 TL Senf
- 3 EL Paniermehl
- Salz, Pfeffer
- 2 EL Grillgewürz
- 6 EL Sonnenblumenöl

Zutaten:

- 12 Salatblätter
- 1 Glas Gurkenscheiben
- 12 Vollkornbrötchen
- 24 TL Ketchup
- 24 TL vegane Mayonnaise
- 1 Becher Röstzwiebeln

Risotto

Zeit: 30 Minuten
Schwierigkeit: ♥
Menge: 4 Portionen

Zubereitung Gemüse:

- 1 Zwiebel und 2 Knoblauchzehen schälen und in kleine Würfel schneiden.
- 200 g Champignons putzen und vierteln oder halbieren (je nach Größe).
- 4 EL Sonnenblumenöl in der Pfanne erhitzen und dann die Zwiebelwürfel und die Knoblauchwürfel kurz darin goldgelb anbraten. Champignons dazu geben und ca. 1 Minute anbraten.
- Die Pfanne beiseite stellen.
- ½ Bund Petersilie waschen und klein schneiden.

Zubereitung Reis:

- 350 g Risotto-Reis mit 100 ml Weißwein oder hellem Trauben-saft und ½ Liter Gemüsebrühe zum Kochen bringen. Unter ständigem Rühren ca. 15 Minuten köcheln lassen.
- Das Gemüse unter den Risotto-Reis heben. 2 EL Margarine und ¾ der Petersilie mit unter das Risotto geben und mit Salz und Pfeffer würzen.
- Den Rest der Petersilie darüber streuen und servieren.

Fertig!

Zutaten Gemüse:

- 1 Zwiebel
- 2 Knoblauchzehen
- 200 g Champignons
- 4 EL Sonnenblumenöl
- ½ Bund Petersilie

Zutaten Reis:

- 350 g Risotto-Reis, z.B. Arborio-Reis
- 100 ml Weißwein (trocken) oder heller Traubensaft
- ½ Liter Gemüsebrühe
- 2 EL pflanzliche Margarine (z.B. Alsan)
- Salz, Pfeffer

Omas Petersilienkartoffeln

Zeit: 20 Minuten
Schwierigkeit: ♥
Menge: 6 Portionen

Zubereitung:

- 1,5 kg Kartoffeln schälen, in Scheiben schneiden und in 1 Liter Gemüsebrühe ca. 15-20 Minuten köcheln.
- 1 Bund Petersilie waschen und klein schneiden.
- Petersilie, 2 EL Margarine und 3 große Suppenkellen Kartoffeln mit Gemüsebrühe in ein Gefäß geben und ganz fein pürieren.
- Die pürierte Masse zu den anderen Kartoffelscheiben geben und gut durchrühren.
- Würstchen in kleine Scheiben schneiden oder ganz in die Petersilienkartoffeln legen.
- Die Petersilienkartoffeln mit den Würstchen servieren.

Fertig!

Zutaten:

- 1,5 kg Kartoffeln
- 1 Liter Gemüsebrühe
- 1 Bund Petersilie
- 2 EL pflanzliche Margarine (z.B. Alsan)
- 4 vegane Wiener Würstchen

Tofu in Senfsauce

Zeit: 20 Minuten
Schwierigkeit: ♥
Menge: 4 Portionen

Zubereitung:

- 400 g Tofu so aufschneiden, dass ca. 18 gleiche Stücke entstehen.
- Dann den Tofu ca. 5-10 Minuten in 8 EL Sojasauce einlegen.
- 4 EL Margarine in einem Topf zerlassen, 2 EL Weizenvollkornmehl darin anschwitzen und anschließend mit 200 ml Gemüsebrühe, 200 ml Sojamilch und 150 ml Sojasahne ablöschen. Unter ständigem Rühren aufkochen und dann vom Herd nehmen.
- Sauce jetzt mit 3 EL Senf, Salz und Pfeffer abschmecken.
- 4 EL Sonnenblumenöl in der Pfanne erhitzen und dann den Tofu aus dem Sojasaucensud entfernen und scharf anbraten.
- Den angebratenen Tofu dann in die Senfsauce geben.
- Dazu schmecken Salzkartoffeln und/oder ein frischer Salat besonders lecker!

Fertig!

Zutaten:

- 400 g Tofu
- 8 EL Sojasauce
- 4 EL pflanzliche Margarine (z.B. Alsan)
- 2 EL Weizenvollkornmehl
- 200 ml Gemüsebrühe
- 200 ml Sojamilch
- 150 ml Sojasahne
- 3 EL Senf
- Salz, Pfeffer
- 4 EL Sonnenblumenöl

Gulasch

Zeit: 30-45 Minuten
Schwierigkeit: ♥
Menge: 4 Portionen

Zubereitung:

- 2 Zwiebeln schälen und in Würfel schneiden.
- 2 Paprikaschoten waschen, entkernen und in Streifen schneiden.
- 300 g Seitan in mundgerechte Stücke schneiden.
- 5 EL Sonnenblumenöl in der Pfanne erhitzen und den Seitan ca. 5-10 Minuten scharf anbraten. 3 EL Tomatenmark und 2 EL Agavendicksaft hinzu geben und ca. 1-2 Minuten karamellisieren lassen.
- Mit 500 ml passierten Tomaten und 200 ml Gemüsebrühe ablöschen und nochmals ca. 15 Minuten köcheln lassen.
- Zwiebelwürfel und Paprikastreifen dazugeben und weitere 5 Minuten mitbraten.
- Das Gulasch mit 1 EL Majoran, 1 EL Paprikapulver, Salz, Pfeffer, 1 EL Grillgewürz und 250 ml Sojasahne abschmecken.
- ½ Bund Petersilie waschen und klein schneiden.
- 1 EL Speisestärke und 4 EL Wasser verrühren und unter das Gulasch rühren. Das Ganze nochmals aufkochen lassen.
- Die Petersilie zum Schluss unter das Gulasch rühren.
- Dazu schmecken Reis, Nudeln oder Kartoffeln mit Brokkoli oder Bohnen.

Fertig!

Zutaten:

- 2 Zwiebeln
- 2 Paprikaschoten
- 300 g Seitan
- 5 EL Sonnenblumenöl
- 3 EL Tomatenmark
- 2 EL Agavendicksaft
- 500 ml passierte Tomaten
- 200 ml Gemüsebrühe
- 1 EL Majoran
- 1 EL Paprikapulver (edelsüß)
- Salz, Pfeffer
- 1 EL Grillgewürz
- 250 ml Sojasahne
- ½ Bund Petersilie
- 1 EL Speisestärke
- 4 EL Wasser

Pita

Zeit: 30 Minuten
Schwierigkeit: ♥
Menge: 4 Pita

Zubereitung Sauce:

- 2 Knoblauchzehen schälen und in der Knoblauchpresse zerdrücken.
- 250 g Sojajoghurt, 125 ml Sojasahne, ausgepressten Knoblauch, Salz, Pfeffer, ½ TL Currypulver und evtl. Senf verrühren.

Zubereitung :

- ½ Gurke waschen und in kleine Stücke schneiden.
- 1 Zwiebel schälen und in dünne Streifen schneiden.
- ½ Eisbergsalat waschen und in kleine mundgerechte Stücke schneiden.
- 1 Paprikaschote waschen, entkernen und in kleine Stücke schneiden.
- ½ Glas Maiskörner im Sieb waschen und abtropfen lassen.
- 300 g Seitan in ganz feine kleine Stücke schneiden (gyrosähnlich).
- 4 EL Sonnenblumenöl in einer Pfanne erhitzen, den Seitan darin ca. 3-4 Minuten scharf anbraten und mit 1 EL Gyrosgewürz gut abschmecken.
- 1 Fladenbrot im Umluftbackofen bei 160°C ca. 5 Minuten aufbacken und dann in Viertel teilen.
- Ins Fladenbrot-Viertel eine Tasche schneiden mit etwas Sauce bestreichen und dann mit dem Seitan und dem Gemüse abwechselnd füllen. Zwischendurch und auch als Abschluss immer etwas Sauce draufgeben.

Fertig!

Zutaten Sauce:

- 2 Knoblauchzehen
- 250 g Sojajoghurt
- 125 ml Sojasahne
- Salz, Pfeffer
- ½ TL Currypulver
- Evtl. 1 TL Senf

Zutaten:

- ½ Gurke
- 1 rote Zwiebel
- ½ Eisbergsalat
- 1 kleine, rote Paprikaschote
- ½ Glas Maiskörner
- 300 g Seitan
- 4 EL Sonnenblumenö
- 1 EL Gyrosgewürz
- 1 Fladenbrot

Süßkartoffel-Kürbispfanne

Zeit: 20 Minuten
Schwierigkeit: ♥
Menge: 4 Portionen

Zubereitung:

- Die 2 Knoblauchzehen schälen und mit der Knoblauchpresse zerdrücken.
- Den Hokkaido-Kürbis waschen, entkernen und in kleine Stücke schneiden.
- Die 2 Süßkartoffeln schälen und auch in kleine mundgerechte Stücke schneiden.
- 5 EL Olivenöl in der Pfanne erhitzen und die Süßkartoffeln und den Hokkaido-Kürbis darin ca. 7-10 Minuten anbraten.
- Jetzt den Knoblauch dazugeben und ca. 2-3 Minuten noch mitbraten.
- Mit Salz und Pfeffer würzen.
- 1 Bund Koriander waschen, fein schneiden und dazu reichen.
- Zu der Süßkartoffel-Kürbis-Pfanne Brot und ein Glas Wein oder Traubensaft reichen … Lecker!

Zutaten:

- 2 Knoblauchzehen
- 1 kleiner Hokkaido-Kürbis
- 2 mittelgroße Süßkartoffeln
- 5 EL Olivenöl
- Salz, Pfeffer
- 1 Bund Koriander

Fertig!

Partybrötchen überbacken

Zeit: 20 Minuten
Schwierigkeit: ♥
Menge: 12 Brötchenhälften

Zubereitung:

- 1 Zwiebel schälen und in kleine Würfel schneiden.
- 4 EL Sonnenblumenöl in einer Pfanne erhitzen und die Zwiebelwürfel darin glasig dünsten.
- 1 Paprikaschote waschen, entkernen und in kleine Würfel schneiden.
- 6 Gewürzgurken in kleine Würfel schneiden.
- 1 Dose Maiskörner ins Sieb geben, abspülen und gut abtropfen lassen.
- Jetzt alle Zutaten, d. h. 250 ml Sojasahne, 250 g geriebener Käse, Zwiebelwürfel, Paprikawürfel, Maiskörner, gewürfelte Gewürzgurken, Salz, Pfeffer und ½ TL Paprikapulver miteinander vermengen.
- Die Brötchen halbieren und die Hälften mit der Mischung bestreichen und bei 180°C im Umluftbackofen ca. 10-15 Minuten überbacken.

Fertig!

Zutaten:

- 1 Zwiebel
- 4 EL Sonnenblumenöl
- 1 Paprikaschote (rot)
- 6 Gewürzgurken
- 1 Dose Maiskörner (ca. 300 g)
- 250 ml Sojasahne
- 250 g geriebener Käse (z. B. Wilmersburger Pizzaschmelz)
- Salz, Pfeffer, ½ TL Paprikapulver
- 6 Brötchen

Vanilletraum

Nachspeisen

Kirschsüppchen mit Grießnockerln

Zeit: 20 Minuten
Schwierigkeit: ♥
Menge: 8 Portionen

Zubereitung Grießnockerln:

- Den ½ Liter Sojamilch zum Kochen bringen, dann 4 EL Weizengrieß mit dem Schneebesen einrühren und ca. 1 bis 2 Minuten unter rühren köcheln lassen.
- Grieß abkühlen lassen.

Zubereitung Kirschsüppchen:

- Die Zitrone waschen und halbieren.
- 1 Glas Sauerkirschen, ½ Liter Apfelsaft, 4 EL Agavendicksaft, die beiden Zitronenhälften und ½ TL Vanillepulver in einem Topf zum Kochen bringen.
- Zitrone leicht ausdrücken und aus der Suppe nehmen.
- 1 EL Speisestärke und 4 EL Wasser verrühren, unter die Kirschen rühren und nochmals aufkochen lassen.
- Suppe abkühlen lassen.
- Aus dem Grieß mit einem Esslöffel Nockerln herausstechen.
- Suppe mit den Grießnockerln anrichten.

Fertig!

Zutaten Grießnockerln:

- ½ Liter Sojamilch Vanille
- 4 EL Weizengrieß

Zutaten Kirschsüppchen:

- 1 Zitrone (unbehandelt)
- 1 Glas Sauerkirschen
- ½ Liter Apfelsaft
- 4 EL Agavendicksaft
- ½ TL Vanillepulver
- 1 EL Speisestärke
- 4 EL Wasser

♥-Tipp

Die Suppe kalt, an einem heißen Sommertag oder auch warm, wenn es draußen friert… das ist einfach der Hit

Vanilletraum

Vanillepudding

Zeit: 10 Minuten
Schwierigkeit: ♥
Menge: 4 Portionen

Zubereitung:

- 6 EL Sojamilch von den 500 ml Sojamilch in ein separates Gefäß geben und mit 2 EL Speisestärke, 1 TL Vanillepulver und 4 EL Bio-Rübenzucker verrühren.
- Die übrige Sojamilch zum Kochen bringen.
- Wenn die Sojamilch kocht, die angerührte Speisestärke dazu geben und sofort kräftig mit einem Schneebesen rühren und nochmals aufkochen lassen.
- Dann den Pudding in Schälchen füllen und abkühlen lassen.

Fertig!

Zutaten:

- ½ Liter Sojamilch Vanille
- 2 EL Speisestärke
- 1 TL Vanillepulver
- 4 EL Bio-Rübenzucker

Mousse o' Schokola

Zeit: 25 Minuten
Schwierigkeit: ♥
Menge: 6 Portionen

Zubereitung:

- Die 100 g Zartbitter-Schokolade grob zerkleinern und im Wasserbad schmelzen lassen.
- Eine Orange abwaschen, trockenreiben und die Schale fein abreiben.
- 800 g Seidentofu 1 EL Kakaopulver, die Orangenschale, 1 TL Vanillepulver, 2 EL Bio-Rübenzucker und 4 EL Likör bzw. 3 EL Espresso mit dem Handmixer cremig schlagen.
- Aufgelöste Schokolade in die Tofumasse geben und glatt verrühren.
- Mousse in Schälchen oder Gläser füllen und ca. 2 Stunden kalt stellen.

Fertig!

Zutaten:

- 100 g Zartbitter-Schokolade (mind. 70 % Kakaoanteil)
- 1 Bio-Orange
- 800 g Seidentofu
- 1 EL Kakaopulver
- 1 TL Vanillepulver
- 2 EL Bio-Rübenzucker
- 4 EL Kaffeelikör oder 3 EL kalten Espresso

Zitronen-Tiramisu

Zeit: 45 Minuten
Schwierigkeit: ♥♥
Menge: 4-6 Portionen

Zubereitung Teig:

- 120 g Weizenvollkornmehl, 80 g Bio-Rübenzucker, 3 EL Sonnenblumenöl, 125 ml Wasser und 2 TL Backpulver zu einem glatten Teig verrühren.
- Die Masse in 2 mit Backpapier ausgelegte Formen (20 x 30 cm) geben. Dann bei 180°C Umluft ca. 20 Minuten backen und auskühlen lassen.

Zubereitung Creme:

- 250 ml Sojasahne, 150 ml Wasser, 80 g Bio-Rübenzucker und 50 g Weizenvollkorngrieß in einen Topf geben und unter Rühren aufkochen, dann 3 Minuten köcheln lassen. Vom Herd nehmen und gut weiter rühren, damit es nicht klumpt.
- 1 Zitrone waschen, trocknen und die Schale fein abreiben.
- Dann die Zitronenschale, 1 TL Vanillepulver und 2 EL Amaretto hinzugeben und gut verrühren.
- Zum Schluss die 120 g Margarine hinzufügen und rühren, bis eine cremige Masse entstanden ist.
- Einen abgekühlten Teig vom Backpapier entfernen und wieder in die Form legen.
- 250 ml Kaffee und 2 EL Amaretto mischen.
- Die Hälfte des Kaffee-Amaretto-Gemischs über den 1. Teig verteilen. Darüber die Hälfte der Creme geben, dann wieder den 2. Teig auf die Creme legen und dann mit dem Rest Kaffee-Amaretto tränken. Zum Schluss die Creme darauf verteilen.
- Das Ganze mit 1 EL Kakaopulver bestäuben und ca. 6 Std. in den Kühlschrank stellen.

Fertig!

Zutaten Teig:

- 120 g Weizenvollkornmehl
- 80 g Bio-Rübenzucker
- 3 EL Sonnenblumenöl
- 125 ml Wasser
- 2 TL Backpulver

Zutaten Creme:

- 250 ml Sojasahne
- 150 ml Wasser
- 80 g Bio-Rübenzucker
- 50 g Weizenvollkorngrieß
- 1 Zitrone (unbehandelt)
- 1 TL Vanillepulver
- 4 EL Amaretto (gibt es auch alkoholfrei)
- 120 g pflanzliche Margarine (z.B. Alsan)
- 250 ml starken, kalten Kaffee
- 1 EL Kakaopulver

Back- oder Auflaufform (20 x 30 cm):

- Backpapier für die Form

Milchreis mit Zimt & Zucker

Zeit: 10 Minuten
Schwierigkeit: ♥
Menge: 6-8 Portionen

Zubereitung:

- 1 Liter Sojamilch mit 125 g Milchreis zum Kochen bringen und bei geringer Hitze ca. 45 Minuten quellen lassen.
- 50 g Bio-Rübenzucker und 1 TL Zimt vermischen.
- Den Reis mit dem Zimt und Zucker reichen.

Fertig!

Zutaten:

- 1 Liter Sojamilch Vanille oder Natur
- 125 g Milchreis
- 50 g Bio-Rübenzucker
- 1 TL Zimt

♥-Varianten

Anstatt Sojamilch, kann man auch Hafer- oder Reismilch nehmen. Einfach ausprobieren.

Dazu schmeckt auch lecker eine Erdbeersauce (Seite 131).

Lassen Sie Ihrer Fantasie freien Lauf!

Apfel-
Birnenkompott

Apfel-Birnenkompott

mit Sojasahne

Zeit: 20 Minuten
Schwierigkeit: ♥
Menge: 6 Portionen

Zubereitung:

- 2 Äpfel und 2 Birnen schälen, entkernen und in kleine Stücke schneiden.
- Die Apfel- und Birnenstückchen mit dem ½ Liter Apfel- oder Birnensaft zum Kochen bringen und evtl. mit ½ TL Zimt oder 1 TL Vanillepulver würzen.
- 2 EL Kuzu mit den 4 EL Wasser verrühren, dann unter die Apfel-/Birnenmasse rühren und aufkochen lassen.
- Das Apfel-/Birnenkompott in Schälchen füllen, abkühlen lassen und dann mit Sojasahne anrichten.

Fertig!

Zutaten:

- 2 Äpfel
- 2 Birnen
- ½ Liter Apfel- oder Birnensaft
- nach Geschmack ½ TL Zimt oder 1 TL Vanillepulver
- 2 EL Kuzu
- 4 EL Wasser
- 250 ml Sojasahne

Pannacotta mit Erdbeersauce

Zeit: 15 Minuten
Schwierigkeit: ♥
Menge: 4 Portionen

Zubereitung Pannacotta:

- 500 ml Sojasahne, 1 TL Agar-Agar, 2 EL Bio-Rübenzucker und 1 TL Vanillepulver gut verrühren.
- Die Sahnemasse vorsichtig aufkochen und 5 Minuten köcheln lassen (bitte ständig rühren!!).
- Danach sofort in ca. 6-8 kleine Auflaufförmchen/Glasförmchen füllen und im Kühlschrank ca. 1 Stunde abkühlen lassen.

Zubereitung Erdbeersauce:

- 300 g Erdbeeren, ½ TL Vanillepulver und 2 EL Bio-Rübenzucker mit dem Pürierstab zu Erdbeersauce verquirlen.

Die Pannacottaförmchen aus dem Kühlschrank nehmen, in heißes Wasser tauchen und sofort auf einen Teller stürzen und mit Erdbeersauce anrichten.

Fertig!

Zutaten Pannacotta:

- 500 ml Sojasahne
- 1 gestrichenen TL Agar-Agar
- 2 EL Bio-Rübenzucker
- 1 TL Vanillepulver

Zutaten Erdbeersauce:

- 300 g frische Erdbeeren (sonst aufgetaute TK-Erdbeeren)
- ½ TL Vanillepulver
- 2 EL Bio-Rübenzucker

Apfelhirseauflauf mit Vanillesauce

Zeit: 40 Minuten
Schwierigkeit: ♥
Menge: 6-8 Portionen

Zubereitung Auflauf:

- 200 g Hirse mit 400 ml Wasser 2 Minuten aufkochen und ca. 15 Minuten quellen lassen.
- 400 ml Kokosmilch, 4 EL Agavendicksaft, ½ TL Zimt, 1 TL Vanillepulver und 4 EL Sojasahne aufschäumen.
- Hirse und Kokosmasse vermengen.
- 2 Äpfel schälen, entkernen und in Scheiben schneiden.
- Die Auflaufform mit Margarine einfetten und mit 1 TL Bio-Rübenzucker ausstreuen.
- Apfelscheiben in die Auflaufform schichten und dann die Hirsemasse darüber geben. Mit 2 TL Bio-Rübenzucker bestreuen und bei 180°C Umluft 35 Minuten backen.

Zubereitung Vanillesauce:

- 6 EL Sojamilch von den 500 ml Sojamilch in ein separates Gefäß geben und mit 1 EL Speisestärke, dem ½ TL Vanillepulver und 2 EL Bio-Rübenzucker verrühren.
- Die übrige Sojamilch zum Kochen bringen.
- Wenn die Milch kocht, die angerührte Speisestärke dazu geben und sofort kräftig mit dem Schneebesen rühren. Nochmals aufkochen lassen.
- Danach in ein Kännchen füllen und abkühlen lassen.

Fertig!

Zutaten Auflauf:

- 200 g Hirse
- 400 ml Wasser
- 400 ml Kokosmilch
- 4 EL Agavendicksaft
- ½ TL Zimt
- 1 TL Vanillepulver
- 4 EL Sojasahne
- 2 Äpfel
- 3 TL Bio-Rübenzucker

Zutaten Vanillesauce:

- ½ Liter Sojamilch Vanille
- 1 EL Speisestärke
- ½ TL Vanillepulver
- 2 EL Bio-Rübenzucker

♥-Tipp

Wenn von dem leckeren A-H-Auflauf etwas übrig bleiben sollte, gibt es eine super Variante für den nächsten Tag:
Den Auflauf in ca. 2-3 cm Streifen schneiden oder mit dem Löffel Nockerln aus der Auflaufform nehmen. Etwas Margarine in der Pfanne erhitzen und die Streifen/Nockerln von allen Seiten darin kurz anbraten. Dann mit der Vanillesauce servieren. Lecker!

Auflaufform:

- Pflanzliche Margarine (z.B. Alsan) für die Auflaufform

Kuchen & Torten

Schneller Butterkuchen

Zeit: 20 Minuten
Schwierigkeit: ♥
Menge: Zutaten für ein Backblech

Zubereitung Teig:

- 2 EL Sojamehl mit den 8 EL Wasser verrühren und beiseite stellen.
- 2 Becher Weizenvollkornmehl, 1 Becher Bio-Rübenzucker, 1 Päckchen Backpulver, 1 Becher Sojasahne und das Sojamehlgemisch gut verrühren und auf ein mit Backpapier ausgelegtem Backblech (Größe 38 cm x 45 cm) streichen. Dann in den vorgeheizten Umluft-Backofen schieben und bei 180°C ca. 10 Minuten backen.

Zubereitung Guss:

- 125 g Margarine im Topf erhitzen bis sie flüssig ist.
- ½ Becher Bio-Rübenzucker, 2 EL Sojasahne, 100 g gehobelte Mandeln in die flüssige Margarine verrühren, auf den bereits 10 Minuten gebackenen Kuchen geben und weitere 10 Minuten backen.

Fertig!

Zutaten Teig:

- 2 EL Sojamehl
- 8 EL Wasser
- 2 Becher Weizenvollkornmehl
- 1 Becher Bio-Rübenzucker
- 1 Packung Backpulver
- 1 Becher Sojasahne

Zutaten Guss:

- 125 g pflanzliche Margarine (z.B. Alsan)
- ½ Becher Bio-Rübenzucker
- 2 EL Sojasahne
- 1 Packung gehobelte Mandeln (100g)

Backblech (38 x 45 cm):

- Backpapier für das Backblech

Bechereinheit=250 ml/250 g

Schoko-Muffins

Zeit: 10 Minuten
Schwierigkeit: ♥
Menge: 20 Muffins

Zubereitung:

- 250 g Margarine im Topf erhitzen bis sie flüssig ist.
- 400 g Weizenvollkornmehl, 200 g Bio-Rübenzucker, 1 Päckchen Backpulver, 2 EL Kakaopulver, 1 Prise Salz, 250 ml Sojamilch und die flüssige Margarine gut verrühren.
- Den Teig in 20 Muffinformen füllen und im vorgeheizten Umluftbackofen bei 180°C ca. 20 Minuten backen. Danach kurz abkühlen lassen und aus der Form nehmen.

Fertig!

Zutaten:

- 250 g Margarine (z.B. Alsan)
- 400 g Weizenvollkornmehl
- 200 g Bio-Rübenzucker
- 1 Päckchen Backpulver
- 2 EL Kakaopulver
- 1 Prise Salz
- 250 ml Sojamilch

20 Muffinformen

Donauwelle

Zeit: 45 Minuten
Schwierigkeit: ♥♥
Menge: Zutaten für eine Kuchenspringform Ø 26 cm

Zubereitung Teig:

- 125 g Margarine im Topf erhitzen bis sie flüssig ist.
- 2 EL Sojamehl mit 6 EL Wasser verrühren.
- 250 g Weizenvollkornmehl, 125 g Bio-Rübenzucker, 2 TL Backpulver, 1 TL Vanillepulver, 150 ml Sojamilch, das Sojamehlgemisch und die flüssige Margarine verrühren.
- Kirschen abtropfen lassen.
- Die Hälfte vom Teig in eine gefettete Springform (Ø 26 cm) geben. Danach die Kirschen darauf verteilen.
- Die andere Hälfte vom Teig mit 2 EL Kakaopulver mischen, auf die Kirschen geben und glatt streichen. Alle Kirschen sollten mit dem dunklen Teig bedeckt sein.
- Bei 175°C im vorgeheizten Umluftbackofen für ca. 25 Minuten backen.

Zubereitung Pudding:

- Für den Pudding 8 EL von den 500 ml Sojamilch in ein separates Gefäß geben und mit 3 EL Speisestärke und einen ½ TL Vanillepulver verrühren.
- Die übrige Sojamilch zum Kochen bringen und von der Herdplatte nehmen.
- Speisestärkemasse unterrühren, kurz aufkochen und beiseite stellen.
- Wenn der Kuchen ausgekühlt ist, den heißen Pudding darauf verteilen und wieder abkühlen lassen.

Zubereitung Guss:

- 40 g Zartbitter-Schokolade im Wasserbad schmelzen lassen und auf den erkalteten Pudding streichen.
- Den Kuchen ca. 1 Stunde auskühlen lassen.

Fertig!

Zutaten Teig:

- 125 g Margarine (z.B. von Alsan)
- 2 EL Sojamehl (z.B. vom Bauckhof)
- 6 EL Wasser
- 250 g Weizenvollkornmehl
- 125 g Bio-Rübenzucker
- 2 TL Backpulver
- 1 TL Vanillepulver
- 150 ml Sojamilch
- 350 g Sauerkirschen im Glas
- 2 EL Kakaopulver

Zutaten Pudding:

- 500 ml Sojamilch Vanille
- 3 EL Speisestärke
- ½ TL Vanillepulver

Zutaten Guss:

- 40 g Zartbitterschokolade (ab 60 % Kakaoanteil)

Springform (Ø 26 cm):

- Fett für die Form

Apfelkuchen mit Streusel

Zeit: 45 Minuten
Schwierigkeit: ♥♥
Menge: Zutaten für eine Kuchenspringform Ø 26 cm

Zubereitung Teig:

- 300 g Weizenvollkornmehl, 100 g Bio-Rübenzucker und 1 TL Backpulver vermischen.
- 150 g Margarine im Topf erhitzen bis sie flüssig ist.
- Flüssige Margarine und 3 EL Sojamilch vermischen und mit dem Mehlgemisch verkneten.
- Eine Springform (Ø 26 cm) einfetten, den Teig in die Form geben und einen hohen Rand formen.

Zubereitung Füllung:

- 4 Äpfel entkernen, schälen und in Scheiben schneiden. Die Apfelscheiben auf den Teig legen.
- 1 TL Zimt und 3 EL Bio-Rübenzucker mischen und über die Äpfel verteilen.

Zubereitung Streusel:

- Die Streusel zubereiten, d. h. 150 g Weizenvollkornmehl und 100 g Bio-Rübenzucker vermischen und mit 100 g Margarine verkneten. Dann die Streusel über die Äpfel streuen.
- Bei 175°C im vorgeheizten Umluftbackofen etwa 45 Minuten backen.

Fertig!

Zutaten Teig:

- 300 g Weizenvollkornmehl
- 100 g Bio-Rübenzucker
- 1 TL Backpulver
- 150 g pflanzliche Margarine (z.B. Alsan)
- 3 EL Sojamilch

Zutaten Füllung:

- 4 Äpfel
- 1 TL Zimt
- 3 TL Bio-Rübenzucker

Zutaten Streusel:

- 150 g Weizenvollkornmehl
- 100 g Bio-Rübenzucker
- 100 g pflanzliche Margarine (z.B. Alsan)

Springform (Ø 26 cm)

- Fett für die Form

Käsekuchen

Zeit: 30 Minuten
Schwierigkeit: ♥♥
Menge: Zutaten für eine Kuchenspringform Ø 26 cm

Zubereitung Teig:

- 250 g Weizenvollkornmehl, 150 g Bio-Rübenzucker, 100 g Margarine, 1 Prise Salz, 1 TL Backpulver und 3 EL Wasser zu einem glatten Teig verkneten.
- Teig in eine gefettete Springform (Ø 26 cm) geben und einen hohen Teigrand formen.

Zubereitung Käsefüllung:

- 3 EL Sojamehl und 12 EL Wasser vermischen.
- Die Schale der Zitrone abreiben und dann die Zitrone halbieren und den Saft auspressen.
- 400 g Sojajoghurt, 400 g Seidentofu, 175 g Margarine, 1 TL Vanillepulver, 5 EL Agavendicksaft, 2 EL Vanillepuddingpulver, 2 EL Weizenvollkorngrieß, Zitronensaft, Zitronenschale und die Sojamehlmasse mit dem Pürierstab vermischen und auf den Teig in der Springform gießen.
- Umluftbackofen auf 175°C vorheizen und dann den Kuchen ca. 50 Minuten backen.
- Die letzten 10 Minuten den Kuchen abdecken.

Fertig!

Zutaten Teig:

- 250 g Weizenvollkornmehl
- 150 g Bio-Rübenzucker
- 100 g pflanzliche Margarine (z.B. Alsan)
- 1 Prise Salz
- 1 TL Backpulver
- 3 EL Wasser

Zutaten Käsefüllung:

- 3 EL Sojamehl
- 12 EL Wasser
- 1 unbehandelte Zitrone
- 400 g Sojajoghurt Vanille
- 400 g Seidentofu
- 175 g pflanzliche Margarine (z.B. Alsan)
- 1 TL Vanillepulver
- 5 EL Agavendicksaft
- 2 EL Vanillepuddingpulver
- 2 EL Weizenvollkorngrieß

Springform (Ø 26 cm):

- Fett für die Form

Kokoskuchen

Zeit: 10 Minuten
Schwierigkeit: ♥
Menge: Zutaten für eine Kastenform

Zubereitung:

- 300 g Weizenvollkornmehl, 1 ½ TL Backpulver, 150 g Bio-Rübenzucker, 6 EL Kokosraspeln und ½ TL Vanillepulver vermischen.
- Danach alles mit 400 ml Kokosmilch gut verrühren.
- Den Teig in eine gefettete Kastenform füllen und bei 160°C im vorgeheizten Umluftbackofen etwa 1 Std. backen.
- Einige Minuten abkühlen lassen und dann vorsichtig aus der Form nehmen.

Fertig!

Zutaten:

- 300 g Weizenvollkornmehl
- 1 ½ TL Backpulver
- 150 g Bio-Rübenzucker
- 6 EL Kokosraspeln
- ½ TL Vanillepulver
- 400 ml Kokosmilch

Kastenform:

- Fett für die Form

Schokotorte

Zeit: 30 Minuten
Schwierigkeit: ♥♥
Menge: Zutaten für eine Springform Ø 26 cm

Zubereitung Teig:

- 150 g Margarine im Topf erhitzen bis sie flüssig ist.
- 200 g Weizenvollkornmehl, 2 EL Kakaopulver, 150 g Bio-Rübenzucker, 2 gestrichene TL Backpulver, 150 ml Sojamilch und die flüssige Margarine gut verrühren und in eine gefettete Springform (Ø 26 cm) gießen.
- Den Umluftbackofen bei 160°C vorheizen und dann ca. 30 Minuten backen.
- Danach auskühlen lassen und aus der Form nehmen.

Zubereitung Belag:

- 50 g Zartbitter-Schokolade im Wasserbad schmelzen und mit einem Kaffeebecher Cornflakes vermischen.
- Die Schokoflakes auf Backpapier verteilen und trocknen lassen.
- 600 ml Sojasahne und 2 Päckchen Sahnesteif mit Handmixer ca. 2-3 Minuten steif schlagen und auf dem abgekühlten Kuchen verteilen und glattstreichen.
- Die Schokocornflakes auf der Sahne dekorieren.

Fertig!

Zutaten Teig:

- 150 g pflanzliche Margarine (z.B. Alsan)
- 200 g Weizenvollkornmehl
- 2 EL Kakaopulver
- 150 g Bio-Rübenzucker
- 2 gestrichene TL Backpulver
- 150 ml Sojamilch

Zutaten Belag:

- 50 g Zartbitterschokolade
- 1 Kaffeebecher Cornflakes (ungesüßt/ ohne Milchanteil)
- 600 ml Sojaschlagsahne (z.B. von Soyatoo)
- 2 Packungen Sahnesteif

Bechereinheit = 250 ml/250 g
Backpapier

Springform (Ø 26 cm)

- Fett für die Form

Möhrenkuchen

Zeit: 20 Minuten
Schwierigkeit: ♥♥
Menge: Zutaten für eine Kuchenspringform Ø 26 cm

Zubereitung:

- 175 g Margarine in einem Topf erhitzen und schmelzen lassen.
- 400 g Möhren fein raspeln.
- 175 g flüssige Margarine, 200 g Bio-Rübenzucker, 350 g Weizenvollkornmehl, 1 Packung Backpulver, 1 Prise Salz, 1 TL Zimt, ½ TL Muskatnuss, 250 g Sojajoghurt, 400 g geriebene Möhren und 100 g gehackte Walnüsse miteinander verrühren und dann in eine gefettete Springform (Ø 26 cm) füllen.
- Den Kuchen bei 160°C im vorgeheizten Umluftbackofen ca. 1 Std. backen.
- Nach dem Erkalten, 4 EL Puderzucker mit 2 EL Wasser verrühren, über dem Kuchen verteilen und eventuell mit Möhren verzieren.

Fertig!

Zutaten:

- 175 g pflanzliche Margarine (z.B. Alsan)
- 400 g Möhren
- 200 g Bio-Rübenzucker
- 350 g Weizenvollkornmehl
- 1 Packung Backpulver
- 1 Prise Salz
- 1 TL Zimt
- ½ TL Muskatnuss
- 250 g Sojajoghurt natur
- 100 g gehackte Walnüsse

Zutaten Guss/Deko:

- 4 EL Puderzucker
- 2 EL Wasser

z. B. Möhren aus Marzipan zum Garnieren

Springform (Ø 26 cm)

- Fett für die Form

Was sollte ich bei der gesunden, veganen Kost immer im Haus haben?

Gewürze:
Salz, Pfeffer, Currypulver, Grillgewürz oder Gewürzmischung für Fleisch, Gyrosgewürz, italienische getrocknete Kräuter, Gemüsebrühe, Sojasauce, Balsamico-Essig, Paprika edelsüß, Zimt, Bourbon-Vanillepulver, Senf, Majoran getr.

Süßungsmittel:
Agavendicksaft, Rübenzucker, Reissirup, Ahornsirup

Gelier-/Dickungsmittel:
Kuzu, Speisestärke, Agar-Agar, Sojamehl (Eiersatz)

Fette:
Sonnenblumenöl, Olivenöl, pflanzliche Margarine (Alsan)

Getreide:
Naturkornreis, Milchreis, Hirse, Weizenvollkorngrieß, Weizenvollkorn-Haferflocken, Risottoreis, Lasagneplatten, Spagetti, Cannelloni, Spirellis

Pflanzliches Eiweiß:
Tofu natur, Sojaschnetzel, Seitan, Räuchertofu

Tomatenprodukte:
Passierte Tomaten, Tomatenmark

Joghurt/Milch, etc.:
Sojasahne, Sojajoghurt, Sojamilch (natur und vanille), geriebener veganer Käse, Seidentofu

Obst & Gemüse & Kräuter

Sonstiges:
Zartbitterschokolade, Kokosmilch, Reiswaffeln, Hefe getr. oder frisch

Eingewecktes:
Mais, Kidneybohnen, Kichererbsen, Gewürzgurken

Geräte:
Scharfes Messer, Holzbrett, gute Pfannen und Kochtöpfe, Knoblauchpresse, Pürierstab, Mixer